AF346790

DICTIONNAIRE

DES TERMES,

DES DELITS ET PEINES

DES CHASSES.

DICTIONNAIRE DES CHASSES,

CONTENANT

L'EXPLICATION DES TERMES
& le précis des Reglemens sur
cette Matiere,

OUVRAGE UTILE ET NECESSAIRE

Aux Seigneurs, aux Officiers de la Jurisdiction, aux Gardes, & à tous les Chasseurs.

Par M. LANGLOIS, *Officier de la Varenne du Louvre.*

A PARIS,

Chez PRAULT pere, Quay de Gêvres,
au Paradis.

M. DCC. XXXIX.

Avec Approbation & Privilége du Roy.

AU
LECTEUR.

L'Auteur de ce Dictionnaire s'est proposé de renfermer dans un petit Livre, l'explication des principaux Termes des Chasses, tirés des differens Auteurs qui ont écrit sur cette Matiere, & de joindre sous chaque mot le précis des Ordonnances & Reglemens & principalement de

AVERTISSEMENT.

l'Ordonnance de Loüis XIV. du mois d'Août 1669. qui ont prononcé des peines ſur les délits des Chaſſes. Il ſouhaite avoir rempli ſon objet à la ſatisfaction du Public.

Les perſonnes qui ſouhaiteront avoir ces Ordonnances & Reglemens en entier, les trouveront preſque tous rapportés dans le Code des Chaſſes de la derniere édition.

On trouvera cependant à la fin de ce petit ouvrage, l'Edit du 25 Mars

1594. portant création de la Varenne du Louvre, qui y a été obmis : l'Auteur qui a l'honneur d'être Officier de cette Jurisdiction, a crû devoir remettre au jour une piece si autentique.

On y a joint, pour la commodité des Officiers, une Table des Matieres comprises seulement dans les Ordonnances & Reglemens ; en sorte que si la memoire ne leur fournissoit pas la peine attachée à quelque délit dont ils feroient chargés de faire le Rapport, ils puiſſent trouver facilement & par un coup d'œil ſur cette Table, la page où ſe trouvera la déciſion dont ils auront beſoin.

Les Gardes Chaſſes y trouveront auſſi le détail de leurs devoirs, dans une petite Inſtruction qu'on a miſe à la fin de ce volume, ſous le titre de *Science du Garde Chaſſe*, par demandes & par réponſes.

DICTIONNAIRE

DICTIONNAIRE
DES TERMES,
DES DELITS, ET PEINES
DES CHASSES.

A

ABANDONNER. On dit en terme de Fauconnerie, *abandonner l'Oiseau*, pour signifier, le mettre libre en Campagne, ou le congedier tout-à-fait, parce qu'il n'est bon à rien.

ABATTRE l'Oiseau, c'est le tenir & serrer entre deux mains pour le garnir de jets, le poivrer & lui donner quelques médicamens : on dit, *il faut abattre le Faucon.*

A

ABBATIS, c'est lorsque les jeunes Loups vont & viennent au lieu où ils sont nourris, y faisant de petits chemins où ils abbattent l'herbe.

ABBATIS, c'est aussi quand les vieux Loups ont tué des Bêtes : on dit, *les Loups ont fait cette nuit un grand Abbatis.*

ABBATURES, traces que le corps du Cerf laisse en passant dans les Taillis.

ABECHER l'Oiseau, c'est lui donner une partie du pât ordinaire pour le tenir en appétit, dans le dessein de le faire voler un peu après. *Il faut abecher le Lanier.*

ABOIS, c'est quand la Bête s'arrête, & tient devant les Chiens par la lassitude, & n'en peut plus.

Derniers *Abois*, c'est quand la Bête tombe morte ou outrée : on dit, *la Bête rend les derniers abois.*

ABORDER la remise, ce terme se dit, lorsque la Perdrix pous

sée par l'Oiseau, gagne quelque buisson : *il faut*, dit-on, *aborder la remise sous le Vent*, afin que les Chiens sentent mieux la Perdrix dans le buisson.

ABREUVOIR, endroit où les Oiseaux vont boire : on dit, *prendre les Oiseaux à l'abreuvoir.*

ACADEMISTES.

Extrait de l'Ordonnance de Louis XIV. du 3. May 1654.

Défendons aux Gentils-hommes des Academies, de chasser ou faire chasser avec Fusils, Arquebuses, Alliés, Filets, Collets, Poches, Tonnelles, Traineaux, ni autres Engins de Chasse, mener, ni faire mener Chiens courans, Levriers, Epagneuls, Barbets & Oiseaux: Enjoignant aux Ecuyers desdites Academies d'y tenir la main, à peine d'en répondre en leur propre & privé nom, sur peine de 300. livres d'amende, confiscation d'armes, Chevaux, Chiens, Oiseaux & Engins à chasser.

ACCOUER, c'est quand le Veneur courre un Cerf qui est sur ses fins, & le joint pour lui donner le coup d'épée au défaut de l'épaule, ou lui couper le jaret, & pour lors on dit, *le Cerf est accoüé.*

ACCOURCIR le trait, c'est le ployer à demi ou tout-à-fait, pour tenir le Limier.

ACCRUES, les Marchands de filets disent *jetter des accruës,* c'est-à-dire, faire des boucles au lieu de mailles pour accrocher le filet.

ACCUTS, ce sont les bouts des Forêts & des grands pays de Bois.

ACHARNER: on dit, *acharner l'Oiseau sur le tiroir,* soit au poing avec le tiroir, ou attachant le tiroir au leurre.

ADOUE': on dit, *une Perdrix adoüée,* c'est-à-dire, appariée.

AFFAIRE, un Oiseau de bonne affaire, est celui qui fait bien son devoir, on l'a rendu de bon affaire, quand on l'a bien affairé, bien duit à la volerie.

AFFAITAGE, signifie le soin

qu'on prend pour dreſſer un Oiſeau de proye ; cet affaitage eſt très-difficile.

ᴀꜰꜰᴀɪᴛᴇʀ, ſe dit en parlant des Oiſeaux ſauvages qu'on rend familiers & doux, & qu'on aſſure pour revenir ſur le poing, ou au leurre, c'eſt auſſi l'introduire au vol, le curer, le traiter, r'habiller les peines, le tenir en ſanté, & le rendre de bonne affaire.

ᴀꜰꜰʀɪᴀɴᴅᴇʀ l'Oiſeau, c'eſt-à-dire, le faire revenir ſur le leurre avec de bon pât de Pigeonneaux ou de Poulets.

ᴀꜰᴜᴛ, en terme de Chaſſe, eſt un lieu caché où on ſe met avec un fuſil tout prêt à tirer, & où on attend le Gibier au paſſage : on dit, *il fait bon le matin aller à l'afut.*

ᴀɢᴇs, ou diſcernement des Cerfs : on dit, *jeune Cerf, Cerf de dix corps jeunement, Cerf de dix corps, & vieil Cerf.*

ᴀɢᴇs, ou diſcernement qu'on

fait des Lièvres, Levrauts, Lièvres,
& Hazes.

AGES des Chevreüils, Fans,
Chevrotins, jeune Chevreüil, vieux
Chevreüil, & Chevrette.

AGES des Loups, Louveaus,
jeunes Loups, vieux Loups & Lou-
ves.

AGES des Bêtes noires, comme Marcaffins, Bêtes de compagnie, Ragot, Sanglier en son tiers
an, Sanglier en son quart an, vieil
Sanglier miré & layeon.

AGES des Renards, Renar-
deaux, jeunes Renards, vieux Renards & Renardes.

AIGLURES, ce sont des taches
rousses semées sur le dessus du
corps de l'Oiseau, qui bigarrent son
plumage. Le Lanier plus que tous
les Oiseaux est bigarré d'aiglures,
qu'on appelle aussi bigarures.

AIGUILLE, se dit d'une espece
de maladie qui survient aux Faucons, & qui s'engendre de petits

vers , pous , ou lombryques : elles
font plus dangereuses que les filandres qui font des vers plus longs.

AIGUILLES, fil , lardons ,
c'eft ce que les Valets de Levriers
pour Sanglier doivent porter pour
panfer les Levriers , lorfqu'ils font
bleffés de leurs défenfes.

AIGUILLONNE', fe dit des fumées qui portent un aiguillon ,
quand elles font en nœuds , ce qui
marque ordinairement que les Cerfs
ont eu quelque ennui.

AIGUILLONS, ce font les
fientes & les fumées des Bêtes fauves qui ont une pointe au bout, &
pour lors on dit , *les fumées ont des
aiguillons , c'eft une Bête fauve qui
a paffé.*

AÎLE, monter fur l'aîle , donner du bec & des pennes , pour
exprimer les differentes manieres
de voler.

AILLIER pourroit bien venir
de caillier , parce que cet engin ou

reſt, fait de fil verd ou blanc, ſert à prendre les Cailles dans les bleds.

A I R, prendre l'air, c'eſt-à-dire, s'élever beaucoup.

A I R E, ſignifie le nid, le rocher où le précipice que les Faucons choiſiſſent pour faire leurs petits. On dit auſſi, *un Faucon de bon aire*, c'eſt-à-dire, d'un bon naturel, & qui ſort de pere & de mere bien faciles à affaiter.

A I R E R, Les Faucons & Autours qui airent, c'eſt-à-dire, qui font leurs nids ſur des rochers ou des arbres.

A I R E S d'Oiſeaux.

Article V I I I. de l'Ordonnance de Louis XIV. du mois d'Aouſt 1669.

Défendons à toutes Perſonnes de prendre en nos Forêts, Garennes, Buiſſons & Plaiſirs, aucuns Aires d'Oiſeaux de quelque eſpece que ce ſoit, & en tout autre lieu, les œufs de Caille, Perdrix & Faiſans, à peine de 100. livres pour la premiere fois, 200. liv. pour la ſeconde, & du foüet & banniſſement à

fix lieuës de la Forêt, pendant cinq ans,
pour la troifiéme.

ALAMORT, Chiens, c’eft
ainfi qu’on parle aux Chiens, lorfque le Cerf eft pris.

ALBRENE’, fe dit de tout Oifeau de proye rompu en fon pennage, ou défaillance de pennage,
ou fans pennage entier à fes aîles.
*Ce Gerfaut eft albrené , il faut le
baigner.*

ALBRENER, veut dire chaf-
fer aux Albrans. *Il fait bon albrener.*

ALLER de bon tems, c’eft-à-
dire, qu’il y a peu de tems que la
Béte eft paffee.

ALLER d’affurance , c’eft-à-
dire, que la Bête va au pas le pied
ferré & fans crainte.

ALLER au gaignage , c’eft-à-
dire, que la Bête fauve qui eft le
Cerf , le Dain & le Chevreüil,
va dans les grains pour y viander
& manger, ce qui fe dit auffi du
Liévre.

ALLER de hautes erres, c'eſt lorſqu'il y a ſept ou huit heures qu'une Bête eſt paſſée.

ALLER en quête, c'eſt quand le Valet de limier va aux Bois, pour y détourner une Bête avec ſon limier.

ALLONGE': on dit, *un Oiſeau allongé*, lorſqu'il a ſes pennes entieres, & de la longueur qu'il les doit avoir.

ALLONGER le trait à un limier, c'eſt le laiſſer déployé tout de ſon long.

ALLURE, c'eſt la maniere de marcher des Bêtes.

ALLURE, c'eſt la marche du Cerf.

AMBLEUR, c'eſt ainſi qu'on nomme un Cerf, dont le pied de derriere ſurpaſſe la trace du pied de devant.

AMENDES.

Article XL. de l'Ordonnance de Louis XIV. du mois d'Aouſt 1669.

La Collecte des Amendes adjugées

ès Capitaineries des Chaffes de nos Maifons Royales ci-deffus nommées, fera faite par les Sergens, Collecteurs des Amendes des lieux, lefquels fourniront chacune année un état de leur recette & dépenfe au Grand-Maître, dans lequel pourra être employé jufqu'à la fomme de trois cens livres par nos Capitaines ou leurs Lieutenans, pour les frais extraordinaires de Procès & de Juftice de leurs Capitaineries, & pourront taxer aux Gardes Chaffes leurs falaires pour leurs rapports fur les deniers des Amendes, dont le revenant bon fera mis entre les mains du Receveur de nos Bois ou de notre Domaine, pour les payer, & en compter comme des autres deniers de fon maniement.

Défendons à tous Greffiers, Sergens, Gardes-Chaffes, & autres Officiers de s'immifcer en la Collecte des Amendes des Chaffes, pourquoi à cet effet fera obfervé ce qui eft ordonné pour les Amendes de nos Forêts.

Article XIV. Titre des Peines, Amendes, Reftitutions, du mois d'Aouft 1669.

Défendons aux Officiers d'arbitrer les Amendes & peines, ni les prononcer moindres que ce qu'elles font reglées par la préfente Ordonnance, ou les moderer, ou changer après le Jugement, à peine de repetition contre eux, de fuspenfion de leurs Charges pour la premiere fois, & de privation en récidive.

Article XV. Idem.

Ne fera fait donc remife ou moderation, pour telle caufe que ce foit, des Amendes, Reftitutions, Interêts, Confifcations, avant qu'elles foient jugées, ni après, pour quelque perfonne que ce puiffe être.

AMEUTER: on dit, *les Chiens font bien ameutés*, lorfqu'ils marchent bien enfemble.

AMORCE, eft la poudre qu'on met au baffinet des armes à feu pour les faire tirer.

AMORCE, eft auffi un appât dont on fe fert à la Chaffe ou à la Pêche pour prendre du Gibier, des Bêtes carnacieres, ou du Poiffon.

AMORCER: on dit, *amorcer un fufil.*

'Amou**r**, on dit, *Voler d'a-*
mour. Voyez Voler.

Andouillers, ce font les
chevilles qui fortent des perches,
ou du Marrain, du Cerf, du Dain,
& du Chevreüil.

Anguichures, c'eft l'échar-
pe où eft attaché le cor, ou la trompe de Chaffe.

Apater, c'eft mettre du grain
dans un lieu pour y attirer les Oifeaux qu'on veut prendre , on doit
apâter les Perdrix , quand on les
veut prendre au filet.

Apercher , fignifie décou-
vrir ou remarquer l'endroit où quelque Oifeau fe retire pour paffer la
nuit : on dit, *j'ai aperché un San-*
-fonnet.

Apoltronir, fe dit à l'é-
gard d'un Oifeau , auquel on a coupé les ongles des pouces , qui font
les doigts de derriere , & les clefs
de fa main ; car par là lui ôtant fes
armes, on lui ravalle le courage.

de sorte qu'il n'est plus propre pour le gros Gibier, parce qu'on l'a appoltroné ou rendu poltron.

A P P E A U, se dit d'un Oiseau vivant qu'on éleve dans une cage pour appeller les autres Oiseaux qui passent.

A P P E L L A N T, se dit d'un Oiseau élevé en cage exprès pour appeller les autres.

A P P E L.

Extrait de la Déclaration du Roy, du 9. May 1656.

Disons, déclarons & ordonnons, voulons & nous plaît, que les Capitaines & Officiers des Chasses de nostredite Varenne du Louvre, &c. tant en Matiere Civile que Criminelle, pour raison desdites Chasses, procedent aux Jugemens de tous les procès jusqu'à Sentence définitive inclusivement, nonobstant toutes oppositions, appellations, Arrêts, Significations, & défenses faites & à faire, pour lesquelles ne voulons differer, sauf l'Appel, que nous avons évoqué, reservé, révoquons, reservons à nous & à notre Conseil Privé,

pour être jugé & terminé en dernier
Ressort.

Faisant très-expresses inhibitions &
défenses audit Parlement, Grand-Con-
seil, Grand-Maître des Eaux & Forêts,
ou leurs Lieutenans à la Table de Marbre de notre Palais à Paris, & à tous
autres Juges, de prendre à l'avenir pour
quelque cause & occasion que ce soit,
aucune Cour, Jurisdiction, & connoissance du fait desdites Chasses, &c.

*Article XXXVIII. de l'Ordonnance
du Roy, du mois d'Aoust. 1669.*

Si il y a appel d'un Jugement rendu
pour le fait de Chasse, & que la condamnation ne soit que d'une Amende
pecuniaire, pour laquelle l'Appellant se
trouvât en prison, il ne pourra être élar-
gi pendant l'appel qu'en consignant l'A-
mende.

Appuyer les Chiens, c'est
suivre toutes leurs operations, les
diriger, & les animer de la trompe
& de la voix.

Aquerecy, *Aquerecy, Hau;
il a passé içi.* Termes dont on se sert
à la chasse du Lièvre, lorsqu'il est
à quelque belle passée.

ARAIGNE'E, forte de filet qu'on tend pour prendre les Oiſeaux de proye, avec le Duc.

ARBALESTE, eſpece de piége dont on ſe ſert pour prendre les Loirs.

ARBROT: on dit, *prendre les Oiſeaux à l'arbrot*, qui eſt une eſpece de petit arbre garni de gluaux.

ARMER les Cures de l'Oiſeau. *Voyez* Cures.

On dit auſſi *armer l'Oiſeau* c'eſt lui attacher des ſonnettes.

ARMES.

Article III. de l'Ordonnance du Roy, du mois d'Aouſt 1669.

Interdiſons à toute perſonne, ſans diſtinction de qualité, de tems ni de lieu, l'uſage des Armes à feu briſées par la croſſe ou par le canon, & de cannes ou bâtons creuſés, même d'en porter ſous quelque prétexte que ce ſoit, ou que ce puiſſe être, & à tous Ouvriers d'en fabriquer & façonner, à peine contre les Particuliers de 100. livres d'amende, outre la confiſcation pour la premiere fois

fois, & de punition corporelle pour la
feconde, & contre les Ouvriers du punition corporelle pour la premiere fois.

Article IV. même Ordonnance.

Faifons auffi défenfe à toutes perfonnes de chaffer à feu, & d'entrer ou
demeurer de nuit dans nos Forêts, Bois
& Buiffons en dépendans, ni même dans
les Bois des Particuliers avec armes à
feu, à peine de 100. liv. & de punition
corporelle, s'il y échet.

Article V. même Ordonnance.

Pourront néanmoins nos Sujets, de
la qualité requife par les Edits & Ordonnances, paffans par les grands chemins des Forêts & Bois, porter des piftolets & autres armes non prohibées
pour la défenfe & confervation de leur
perfonne.

Article V. de l'Ordonnance du Roy,
du mois d'Avril 1669.

Défenfes à tous Payfans, Laboureurs
& autres Habitans domiciliés en l'étenduë defdites Capitaineries, d'avoir dans
leurs maifons, ni ailleurs aucuns Fufils
ni Arquebufes fimples ni brifées, Mouf-
quetons ni Piftolets, porter, ni tirer

d'iceux fous prétexte de s'exercer au
blanc, ni aller tirer aucun prix, s'ils ne
font établis par permiffion du Roy, dûe-
ment enregiftrée en ladite Capitainerie,
ou fous autre prétexte que ce puiffe être,
à peine de confifcation & amende. A
eux enjoint de porter lefdites Armes à
feu ès Châteaux & Maifons Seigneu-
riales des lieux où ils refident, ès mains
defdits Seigneurs ou leurs Concierges,
qui en donneront le Rôle au Greffe de
ladite Capitainerie, & demeureront ref-
ponfables defdites Armes à eux dépo-
fées. Voyez l'Article XI. ci-après.

Article VI. même Ordonnance.

Permis néanmoins aufdits Habitans
domiciliés qui auront befoin d'Armes
pour la fûreté de leurs maifons, d'avoir
des Moufquets à méche pour la garde
d'icelles.

Article XV. de la Déclaration du Roy, du 18. Décembre 1660.

Et ne pourront lefdits Gentils-hommes fe fervir d'Arquebufe & Fufils pour
la Chaffe, finon à l'égard de ceux qui
ont juftice & droit de Chaffe, pour s'en
fervir & en tirer fur leurs Terres, & autres fur lefquelles ils ont droit de Chaff

ſe : & à l'égard de ceux qui n'ont ledit droit,

Pourront s'en exercer ſeulement dans l'enclos de leurs maiſons.

*Extrait de la Déclaration du Roy,
du 4. Decembre 1679.*

Enjoignons pareillement à tous nos autres Sujets, tant pour leſdits Couteaux & Bayonnettes, que Piſtolets de poche, que nous voulons être rompus, à peine de confiſcation, & de 80. liv. pariſis d'amende contre chacun contrevenant.

*Extrait de l'Ordonnance du Roy,
du 9. Septembre 1700.*

Sa Majeſté permet néanmoins par les mêmes Déclarations, à tous ſes Sujets, lorſqu'ils feront quelque voyage, de porter une ſimple épée, à la charge de la quitter, lorſqu'ils feront arrivés dans les lieux où ils iront.

ARREST, c'eſt l'action du Chien couchant, qui s'arrête quand il ſent la Perdrix ou le Gibier.

ARRESTER ſe dit d'un Chien couchant qui arrête le Gibier, & en avertit ſon Maître. *Ce Chien arrête poil & plume.*

ASSEMBLE'E, rendez-vous où tous les Chasseurs se trouvent.

ASSENTIR la voye, c'est la goûter.

ASSEURANCE, se dit d'un Oiseau bien assûré qui est hors de filiere ; il y a deux sortes d'assûrances, sçavoir, à la chambre & au jardin. Le jardin represente les champs.

ASSEURANCE, fermeté : on dit, *le Cerf va d'assûrance*, c'est-à-dire, le pied serré & sans crainte.

ASSEURER un Oiseau de proye, c'est l'apprivoiser, & empêcher qu'il ne s'effraye à la vûë des gens.

ASTHME, un Oiseau de proye travaillé de l'asthme, est celui qui a le poulmon enflé, & qui ne peut avoir son haleine.

ATANAIRE, se dit d'un Oiseau de proye qui a le pennage de l'année précedente, sans avoir mué, & *atanaire* vaut autant que si on disoit *pennage d'antan*, vieux mot qui se dit encore dans certaines Provinces pour marquer l'année précedente.

ATTOMBISSEUR, se dit des Oiseaux qui attaquent le Heron dans son vol : il est bon de sçavoir qu'on en lâche plusieurs sur lui, & qu'il y en a qui lui donnent la premiere attaque, d'autres la seconde : on dit, *le Faucon est bon attombisseur.*

ATTREMPE', se dit d'un Oiseau qui n'est ni gras ni maigre.

AVEÜER, signifie voir & discerner les Perdrix au partir qui fait pointer l'œil, & choisir bien.

AVEÜER, c'est comme qui diroit garder à vûë la Perdrix, l'observer exactement lorsqu'elle part. *Aveüez bien cette Perdrix,* dit-on.

AVILLONER se dit d'un Oiseau qui donne des serres de derriere. *Ce Faucon avillone vigoureusement son Gibier.*

AUME' eſt un terme dont ſe ſervent ceux qui font des filets propres à la Pêche ou à la Chaſſe, & cet *Aumé* n'eſt autre choſe que les grandes mailles des filets qui ſont triples, telles que ſont celles qui ſont des deux côtés d'un tramail ou d'un hallier.

AULIT, aulit Chiens, c'eſt un des termes dont on uſe pour faire quêter les Chiens, lorſque l'on veut lancer un Liévre.

AUTOUR: il y en a cinq eſpeces, dont la premiere & plus noble, eſt l'*Autour* qui eſt femelle.

La ſeconde eſt nommée, demi-*Autour*, qui eſt maigre & peu prenant.

La troiſiéme, le Tiercelet.

La quatriéme, l'Epervier.

Et la cinquiéme, Sabech. *Voyez* à leur lettre.

La bonne forme d'*Autour* eſt la tête petite, les yeux grands, le bec long & noir, le col long, la poi-

trine groſſe, les ongles gros &
longs, pieds verds.

Sa proye eſt Faiſand, Cane,
Oye, Connil & Liévre.

AUTOURSERIE, art de chaſ-
ſer & faire voler les Autours.

AUTOURSIER, celui qui a
ſoin de dreſſer ou faire voler les
Autours.

B

BABIL, ſe dit d'un Limier: on
dit, *ce Limier babille trop, il
faut lui ôter le babil*, ou le rendre
ſecret, ou l'empêcher de caqueter.

BAGUETTE, bâton de Fau-
connerie propre à fourer dans les
buiſſons, & à faire partir la Perdrix, ou à tenir les Chiens en
crainte.

BAIGNER, ſe dit de l'Oiſeau
de proye, lorſque de lui-même il
ſe baigne par délice, ou qu'il ſe
moüille à la pluye, ou qu'on le

plonge dans l'eau, quand on le poivre.

BALAY se dit de la queuë de l'Oiseau de proye.

BALANCER, *se balancer dans le Ciel*, c'est lorsqu'un Oiseau reste toujours en une place en observant la proye.

BALANCER, c'est quand une Bête qui est couruë & chassée des Chiens courans étant lassée, va vacillant en fuyant : on dit, *le Cerf balance.*

BALANCER, c'est aussi quand un Limier ne tient pas la voye juste, ou qu'il va & vient à d'autres voyes.

BALE de plomb, c'est une bale dont on charge un fusil pour tirer du Gibier.

BALE ramée, se dit à l'égard de deux bales attachées ensemble par un fil de fer.

BALE de qualibre, c'est celle qui est de même grosseur que le calibre d'un fusil.

BANDER

BANDER, un Oiſeau *bande* au Vent, quand il ſe tient ſur les Chiens faiſant la creſſerelle.

BANS, c'eſt ainſi qu'on appelle les lits des Chiens.

BARBILLONS, eſt une maladie qui ſurvient à la langue des Oiſeaux de proye, ce qui leur eſt cauſé par un rhume chaud qui tombe ſur des glandes qui enflent.

BARRES, on nomme *barres* de la queuë d'un Epervier, certaines bandes noires qui la traverſent.

BAS, on dit *bas voler*, ou *ba-voler*, en parlant de la Perdrix ou autres Oiſeaux qui n'ont pas le vol haut.

BASSETS, ce ſont des Chiens pour aller en terre.

BATARD, ſe dit d'un Oiſeau qui tient de deux eſpeces, comme de Sacre & de Lanier.

BATIR.

Extrait de l'Ordonnance du Roy,
du 9. Aoust 1666.

A fait aussi inhibitions & défenses à
tous les Proprietaires & Locataires des
Terres situées dans lesdites Plaines de
l'étenduë des six lieuës de ladite Varenne du Louvre, de bâtir maisons, ni
faire fossés au tour de leur heritage qui
puissent empêcher le plaisir de la Chasse
à Sadite Majesté, suivant & conformément aux dernieres Ordonnances qui
ont été expressément affichées aux poteaux dans lesdites Plaines, à peine
contre les contrevenans de 100 livres
parisis d'amende, & de combler lesdits
fossés à leurs dépens, &c.

BATONS de Chasse, ce sont
ceux que l'on porte lorsqu'on va
courre.

BATTRE l'eau, c'est quand
une Bête est dans l'eau, alors on
dit aux Chiens, *il bat l'eau.*

Se faire *battre*, c'est quand une
Bête se fait chasser long-tems dans
un canton de Païs.

BAUGE, c'est le lieu où les
Bêtes noires se couchent, & de-

meurent pendant tout le jour.

BEAU Chaffeur, c'eft un Chien qui crie bien dans la voye, & retourne toujours la queuë fur les reins.

BERGERS, la Varenne du Loüvre oblige les *Bergers* de relever les épines que leurs troupeaux ont abbattuës, à peine de 10. livres d'amende pour la premiere fois, & 20. livres pour la feconde.

BESTIAUX.

Article III. de l'Ordonnance de la Varenne du Louvre, du mois d'Avril 1669.

Comme auffi pareilles défenfes à toutes Perfonnes de mener aucuns Chevaux, Jumens, Vaches, Bœufs ni autres Beftiaux dans lefdites Forêts ni efdits Buiffons circonvoifins, depuis le 15. du préfent mois d'Avril jufqu'au 15. de Juin prochain, prendre, couper ni enlever aucunes herbes, ni même dans les bleds de l'étenduë des Capitaineries, fur peine de confifcation des Bêtes qui y feront trouvées, & d'amende arbitraire fuivant lefdites Ordonnances.

BECCADE, *faire prendre la*

beccade à l'Oiseau, c'est lui donner à manger.

BEJAUNE, se dit des Oiseaux
niais & tout jaunes qui ne sçavent
encore rien faire. *Bejaune* ou *bec-
jaune* signifie ignorance.

BEQUILLON, s'entend du bec
des Oiseaux la proye, lorsqu'ils sont
encore jeunes : & on dit, *cet Oiseau n'a encore que le bequillon.*

BICHES, femelles de Cerf, elles font leurs Fans en Avril & May.

BIEN juger des alleures, c'est
voir quand la Bête met ses pieds
dans une même distance.

BIEN chevillé, c'est quand il y
a beaucoup d'andoüillers à la tête
d'un Cerf, d'un Dain & d'un Chevreüil.

BIGARRURES, sont des ta-
ches rousses ou noires, ou des di-
versités de couleurs qui rendent le
pennage d'un Oiseau de proye bigarré.

BILLARD, instrument d'Oise-

leur , c'eſt un morceau de bois long
de deux pieds, ſe terminant en pointe d'un bout, & recourbé de l'autre
au moins d'un pied.

Bleds.

*Article XVIII. de l'Ordonnance du Roy,
du mois d'Aouſt 1669.*

Défendons à tous Gentils-hommes,
& autres ayant droit de Chaſſe, de chaſſer à pied ou à cheval , avec Chiens ou
Oiſeaux , ſur terres enſemencées depuis
que le *blé* ſera en tuyau , & dans les
vignes depuis le premier jour de May
juſques après la dépouille, à peine de
privation de leur droit de Chaſſe, 500.
livres d'amende , & de tous dépens,
dommages & interêts envers les Proprietaires ou Uſufruitiers. *Voyez* Herbes.

Bloc, eſt la perche ſur laquelle
on met l'Oiſeau de proye : & on
dit, *le bloc doit être de drap*, crainte que l'Oiſeau n'amaſſe la chirar-
guë.

Bloquer, ſe dit lorſque l'Oiſeau a remis la Perdrix, & qu'il la
tient à ſon avantage, gagnant le

haut de quelque arbre prochain :
on dit, *l'Oiseau se bloque*, lorsqu'il
pend en l'air, & s'y soutient sans
battre de l'aîle.

BON, voler pour *bon*, c'est-à-
dire, *tout de bon*, lorsque les Oiseaux de proye sont bien affaités.

BON connoisseur, c'est un Veneur qui a toutes les connoissances
des Bêtes qu'on chasse.

BON piqueur, c'est un homme
qui est bon connoisseur, homme
de jugement & experimenté à faire
chasser les Chiens courans.

BONDIR, faire *bondir*, c'est-
à-dire, qu'un Cerf, un Dain, un
Chevreüil fait partir de la reposée
d'autres bêtes fauves : on dit encore, *bondir le change.*

BORDER : on dit, *border un filet*, c'est attacher avec du fil de
trois pouces en trois pouces une
corde autour du filet pour le rendre plus fort.

BOSSES, ce sont deux grosfeurs qui viennent la premiere année à la tête du Cerf.

BOTTE, c'eſt le collier du Limier avec lequel on le mene aux bois.

BOUCLETTE: on dit, *une pentiere à bouclette*, parce qu'elle a dans le haut de petites boucles attachées comme un rideau de lit.

BOUQUINER, c'eſt quand un Liévre eſt en amour, qu'il tient une haze.

BOUROCHE, c'eſt une eſpece de panier fait en forme d'œuf dans lequel les Oiſeleurs portent en vie les Oiſeaux de marécage.

BOURRE, c'eſt ce qui ſert à mettre ſur la poudre en chargeant les armes à feu, ſoit papier, *bourre* veritable, ou autre choſe qui y ſoit propre.

BOURER un fuſil, afin qu'il porte plus loin.

BOUTIS, ce ſont les lieux où les Bêtes noires foüillent: on dit, *ce n'eſt que boutis dans le fort de ce bois.*

BOUTON : on dit, *qu'un Oiſeau branche & prend le bouton*, pour marquer la cime des arbres.

BOUTOY, c'eſt le bout du nez des Bêtees noires : on dit, *ce Sanglier a le boutoy fort.*

BOUZARDS, ce ſont des fientes de Cerf qui ſont molles, en forme de bouzes de Vaches, dont elles ont pris le nom, & qu'on nomme fumée en terme de Venerie.

BOYAU, franc *boyau*, c'eſt le gros *boyau* où paſſent les viandis du Cerf, grand *boyau* de Loup & de Louve ſert à la colique tant aux hommes qu'aux femmes.

BRACONIERS.

Article XII. de l'Ordonnance du Roy, du mois d'Aouſt 1669.

Tous Tendeurs de lacs, tiraſſes, tonelles, traineaux, bricolle de corde & de fil d'archal, pieçe & pans de rets, colliers, alliers de fil ou de soye, seront condamnés au foüet pour la premiere fois, & en 30. livres d'amende, & pour la seconde, fustigés, flétris & bannis pour cinq ans hors de la Maîtrise, soit qu'ils ayent commis delit dans nos Forêts, Garennes & Terre de notre Domaine, ou en celles des Ecclesiastiques, Communautés, & Particuliers de notre Royaume, sans exception.

BRAILLER : on dit, *qu'un Chien braille*, quand il crie sans voix.

BRANCHER, est une espece d'Epervier qui suit sa mere de branche en branche.

BRANDES, ce sont les bruyeres où les Cerfs vont viander.

BRANLE, se dit lorsqu'un Faucon se tient en haut au premier degré sur la tête du Fauconnier, & qu'il tourne & remuë les aîles en branlant & rôdant de belle action.

BRANLOIRE, un Heron est à la *branloire*, lorsqu'il est haut, & qu'il tourne en branlant.

BRAYER signifie le cul d'un Oiseau de proye : & on dit, *une marque de la bonté d'un Faucon est, quand il a le brayer net*, & lorsqu'il lui tombe bien bas, le long de la queuë, & qu'autour il est bien émaillé de taches noires & rousses.

BREHAGNE, Biche qui n'engendre point : on la nomme aussi Brehayne, cette vieille Biche laisse un pied large qui peut induire en erreur.

BRICOLLES, ce sont des filets faits de petites cordes pour prendre les grandes Bêtes, elles sont en forme de bourses : on se sert aussi de cette sorte de filet pour prendre du poisson.

BRIDER les serres d'un Oiseau, c'est-à-dire, en lier une de chaque main, cela l'empêche de charrier la proye.

BRISER bas, c'est rompre des branches, & les jetter par où a passé la Bête, la pointe fait voir d'où elle vient, & le gros bout où elle va, que nous appellons ſur les voyes : on dit, *nous briſâmes bas, quand nous eûmes remarqué que le Cerf étoit paſſé.*

BRISER haut, c'eſt rompre les branches à demie hauteur d'homme, & les laiſſer pendre au tronc de l'arbre.

BRISE'ES, fauſſes *briſées*, c'eſt quand on met des morceaux de papier attachés à des branches ſur les voyes d'une Bête, pour les ôter après, & tromper ſon compagnon.

BROSSER & percer dans le fort, c'eſt courre avec les Chevaux dans le Bois.

BRUNIR, c'eſt quand le Cerf, le Dain ou le Chevreüil fait changer ſa tête de couleur, qui de blanche qu'elle étoit, après en avoir ôté la peau veluë qui la couvroit, la fait devenir rouge, griſe & de couleur brune, ſelon les terres où il la frotte.

Buffeter, signifie donner en paſſant contre la tête d'un plus fort, ou contre la tête d'un Leurre, quand on le fait battre aux Oiſeaux. *Cet Oiſeau a buveté la proye.*

Buisson, bois d'une moyenne étenduë.

Buisson-creux, ce terme eſt d'uſage, lorſque le Valet de limier qui a détourné, ne trouve rien dans ſon enceinte, *c'eſt un buiſſon creux.*

C

Ça va là haut, maniere de parler aux Chiens, quand ils chaſſent.

Calibre, ouverture d'un fuſil ou d'un piſtolet par où entre ou ſort la balle.

Capture.

Article XXXI. de l'Ordonnance du Roy, du mois d'Aouſt 1669.

Voulons que nos Officiers des Eaux & Foreſts, & les Capitaines des Chaſſes connoiſſent concurremment & par prévention entre eux en ce qui regarde la capture des delinquans, ſaiſie des armes, bâtons, Chiens, filets & engins défendus, contravention à la preſente Ordonnance, & information premiere ſeulement.

CANELUDE eſt une eſpece de curée que préparent les Fauconniers pour le vol du Heron, & qui eſt compoſée de ſucre, de canelle & de moëlle de Heron; ils la donnent à leurs Oiſeaux pour les rendre Heronniers, & les échauffer à ce vol.

CAREVAUT, c'eſt-à-dire, que le Cerf s'en retourne dans ſon païs.

CARRELET, ſorte de filet dont on ſe ſert pour prendre les Poiſſons & les petits Oiſeaux.

CARRIERES.

Extrait de l'Ordonnance du Roy, du 25. Juin 1624.

Enſemble qu'ils ayent à faire combler les trous & fontis des *Carrieres*, ſur leſquelles il n'y aura roües ou engins à travailler, pour éviter les perils & inconveniens qui pourroient arriver à Sadite Majesté, ou à ceux de sa suite, chassans dans lesdites plaines, & ce dans quinzaine après la publication des présentes, à peine d'encourir l'amende de 100. livres parisis, & combler lesdits trous à leurs dépens.

Extrait de l'Arrest du Conseil d'Estat, du 9. Mars 1633.

Le Roy étant en son Conseil, a fait & fait très-expresses défenses & inhibitions à tous *Carriers* & autres personnes, de fouiller ou faire fouiller, ni tirer pierre ou mœslon d'aucune *Carriere* à 15. toises près des grands chemins conduits de fontaines, & autres ouvrages publics, à peine de punition corporelle & amende arbitraire.

Ordonne Sa Majesté, sous les mêmes peines, ausdits *Carriers* & Propriétaires des *Carrieres*, de laisser des piliers hagues & murailles pour soutenir les terres desdites *Carrieres*, & ès endroits où il y en aura manque, dans ledit espace de 15. toises près desdits ouvrages & chemins publics, en faire remettre & construire de nouveaux par tout où il sera jugé necessaire, & qu'à cette fin visitatition fera faite efdites *Carrieres* des lieux qui font en peril, éminent par Michel Houallel, Juré *Carrier* & Voyer du Bailliage de la Varenne du Louvre, pour fuivant fon raport être lefdites ré-parations faites en vertu des Ordonnan-ces du Lieutenant general au Bailliage de la Varenne du Louvre, aux dépens defdits Propriétaires, à quoi ils feront contraints par toutes voyes dûës & rai-fonnables, &c.

Enregiftré au Greffe du Baillage de la Varenne du Louvre, le 30. Mars 1633.

CAVE'ES, ce font les Vallées.

CERCEAUX, c'eft ainfi qu'on apelle les pennes du bout de l'aifle des Oyfeaux de proye; les Faucons, les Sacres & les Laniers n'en ont qu'un, les Epreviers trois.

CERVAISON, c'eft quand un Cerf eft gras & en venaifon.

CHAIR, un Oyfeau qui eft bien à la chair, c'eft celui qui chaffe bien.

CHAMBRE du Cerf, c'eft fon lit ou repofée durant le jour.

CHANDELIER. *Porter le*

Chandelier, c'est quand le haut de la tête d'un vieil Cerf (que nous appellons *empaumure*,) est large & creux. C'est ce qui se peut dire, mais non pas en vrais termes.

CHANGE, se dit lorsque l'Oyseau quitte son entreprise pour une nouvelle, où lorsqu'il prend des Pigeons ou d'autre Gibier qu'il ne doit pas voler, *il prend le Change*.

Prendre le Change, c'est suivre une nouvelle Beste, *garder le Change*, c'est se tenir à celle qu'on a commencé de courir.

CHANTERELLE, se dit des Oyseaux que les Chasseurs ont dans une Cage pour servir d'appeau, & attirer les Oyseaux dans les piéges qui leur sont préparés. Et on appelle surtout *Chanterelle*, une femelle de Perdrix, qu'on pose au bout des Sillons, où l'on a tendu des filets & des passées, dans lesquelles elle fait donner le masse qu'elle appelle.

CHAPEAU

CHAPEAU. C'eſt dans le *Cha-*
peau que les Valets de Limier, à
preſent, mettent les fumées.

CHAPERON, eſt un mor-
ceau de cuir dont on couvre la tête
des Oyſeaux de Leurre. Les *Cha-*
perons ſont marqués par points,
depuis un juſqu'à quatre. Le premier d'un point eſt propre au tiercelet de Faucon.

CHAPERONER, c'eſt cou-
vrir la tête d'un Oyſeau de proye
de ſon Chaperon, on le chaperonne
quand on l'affaite.

CHAPERONIER, ſe dit d'un Oyſeau de proye. *Ce Faucon eſt bon*
chaperonier, c'eſt-à-dire, qu'il
porte patiemment le Chaperon.

CHARBONIERES. Terres
glaiſes & rouges, ce ſont les lieux
où les Cerfs, les Dains & les Chevreuils vont frotter leur tête après
avoir touché aux bois, ce que nous
appellons brunir, & ils en prennent
la couleur.

CHAROTTE, eſt une ſorte
de panier fait en façon de hotte,
& dont on ſe ſert pour porter certains inſtrumens ſervans à la Chaſſe
aux Pluviers, & tranſporter ces
Oyſeaux lorſqu'il y en a de pris.

CHARRIER, ſe dit à l'égard
d'un Oyſeau qui emporte la proye,
& ne revient point lorſqu'on le reclame ; on dit auſſi qu'un Oyſeau
de proye *charrie* un Perdreau quand
il le pourſuit. Dans la premiere ſigni-
fication, *Charrier* s'entend aſſez,
puiſque c'eſt bien charrier une choſe que de l'emporter ; & dans la
ſeconde, ce mot ſe rapporte à
l'Oyſeau même qui ſe *charrie*, &
s'emporte lui - même après la
proye.

CHASSE permiſe.

*Article XVII. de l'Ordonnance du Roy,
du mois d'Août 1669.*

La liberté de tirer en volant à trois
lieuës de diſtance de nos plaiſirs, ne
ſera que pour les Seigneurs, Gentils-

Hommes, Nobles, ou Seigneurs de
Paroiſſes.

Article XIV. même Ordonnance.

Permettons néanmoins à tous Seigneurs, Gentils-Hommes & Nobles,
de *chaſſer* noblement à force de Chiens
& Oyſeaux dans leurs Forêts, Buiſſons,
Garennes & Plaines, pourvû qu'ils
ſoient éloignés d'une lieuë de nos plaiſirs, même aux Chevreüils & Bêtes
noires, dans la diſtance de trois lieuës.

Article XV. même Ordonnance.

Leurs permettons auſſi de tirer de
l'Arquebuſe ſur toute ſorte d'Oyſeaux
de paſſage & de gibier, hors le Cerf &
la Biche, à une lieuë de nos plaiſirs,
tant ſur leurs Terres que ſur nos Etangs,
Marais & Rivieres.

Article XXVI. même Ordonnance.

Déclarons tous Seigneurs, Hauts-
Juſticiers, ſoit qu'ils ayent cenſive ou
non, en droit de pouvoir *chaſſer* dans
l'étenduë de leur Haute-Juſtice, quoi
que le Fief de la Paroiſſe appartienne
à un autre, ſans néanmoins qu'ils puiſſent y envoyer *chaſſer* aucun de leurs
Domeſtiques ou autres perſonnes de
leur part, ni empêcher le Propriétaire

du Fief de la Paroisse, de *chasser* aussi dans l'étenduë de son Fief.

Article XXVII. même Ordonnance.

Si la Haute-Justice étoit démembrée & divisée en plusieurs Enfans ou Particuliers. Celui seul a qui appartiendra la principale portion aura droit de *chasser* dans l'étenduë de sa Justice, à l'exclusion des autres Cojusticiers, qui n'auront part au Fief : & si les portions étoient égales, celle qui procederoit du partage de l'aîné auroit cette prérogative, à cet égard seulement, & sans tirer à consequence pour leurs autres droits.

CHASSE défenduë.

Article XX. même Ordonnance.

Défendons à toutes personnes de quelque qualité & condition qu'elles soient, de *chasser* à l'Arquebuse ou aux Chiens dans l'étenduë des Capitaineries de nos Maisons Royales de St. Germain en Laye, Fontainebleau, Chambort, Vincennes, Livry, Compiegne, Bois de Boulogne & Varenne du Louvre, même aux Seigneurs Hauts-Justiciers & à tous autres, quoi que fondez en titre ou permissions generales ou particulieres, Déclarations, Edits & Arrêts que nous revoquons à cet égard, fauf à nous d'accorder de nouvelles permiffions, ou renouveller les anciennes en faveur de qui bon nous femblera.

Article XIII. même Ordonnance.

Faifons expreffes inhibitions & défenfes à tous Seigneurs, Gentils-Hommes, Hauts-Jufticiers & autres perfonnes, de quelque qualité & condition qu'ils foient, de tirer ou *chaffer* à bruit dans nos Forêts, Buiffons, Garennes & Plaines, s'ils n'en ont titre ou permiffion ; à peine contre les Seigneurs de défobéiffance, & de 1500. livres d'amende, & contre les Roturiers des amendes & autres condamnations indictes par l'Edit de 1601. à la referve de la peine de mort, ci-deffus abolie à cet égard.

Article XXVIII. même Ordonnance.

Faifons défenfes aux Marchands, Artifans, Bourgeois & Habitans des Villes, Bourgs, Paroiffes, Villages & Hameaux, Payfans & Roturiers, de quelque état & qualité qu'ils foient, non poffedant Fief, Seigneurie & Haute-Juftice, de chasser en quelque lieu, sorte & maniere, & sur quelque Gibier de poil ou de plume que ce puisse être, à peine de 100. livres d'amende pour la premiere fois, de 200. livres pour la seconde, & pour la troisiéme d'être attaché trois heures au Carcan du lieu de leur residence, à jour de Marché, & bannis durant trois ans du ressort de la Maîtrisse, sans que pour quelque cause que ce soit, les Juges puissent remettre ou moderer la peine, à peine d'interdiction.

CHASSER de gueule, c'est laisser crier & aboyer un Limier, lorsqu'on le laisse courre; car le matin il doit être secret & ne dire mot, pour ne pas donner de l'effroi & lancer la Bête.

CHASSOIRE, Baguette des Autoursiers, *voyez* Baguette.

CHASTIER, c'est donner de la houssine à un Chien, lorsqu'il est en faute.

CHAUSSER. On dit *chausser la grande serre de l'Oiseau*, lorsqu'on entrave l'ongle du gros doigt d'un petit morceau de peau.

CHENIL, c'est le logement des Chiens courans.

CHEVAUCHER. On dit *cet Oiseau chevauche le vent*.

CHEVILLE. Le Cerf l'est bien, qui porte plusieurs dards ou rameaux à la sommité de son bois, en forme de couronne.

CHEVILLES, ce sont les andoüillers qui sortent des perches de la tête du Cerf, du Dain & du Chevreuil.

CHEVREUIL, Bête fauve.

CHEVRETTE, c'est sa Femelle.

CHIENS de Chasse. *Ses especes,* Mâtins, pour le vautrait.

CHIENS corneaux, sont Chiens qui sont engendrés de Chiens courans & de Mâtines, ou de Mâtines & de Lyces courantes.

CHIENS courans ou Chiens allans, sont ceux qui chassent par le sentiment.

Des Levriers.

CHIENS blancs, ils ne sont pas propres à mettre à la main, & en faire des Limiers, parce qu'ils apprehendent les gelées & les rosées froides du matin.

CHIENS de change, sont ceux qui maintiennent & gardent le change de la Beste qui leur a été donnée & mise devant eux pour la chasser.

CHIEN d'aiguàil, est celui qui chasse bien le matin lorsque la rosée est sur la terre, & qui ne vaut rien au haut du jour.

CHIEN du haut jour, est celui qui ne vaut rien dans l'aiguàil.

CHIEN étruffé, est celui qui a une cuisse qui ne prend plus de nourriture, & qui est boiteux.

CHIEN butté, est celui qui a la jointure de la jambe grosse.

CHIEN épointé, est celui qui a des os des cuisses rompus.

CHIEN allongé, est celui qui a

les

les doigts des pieds étendus par quelque bleſſure qui a touché les nerfs.

CHIEN courtaut, eſt un Chien à qui on a coupé la queuë.

CHIEN à belle gorge, c'eſt lorſ-qu'il crie bien, & qu'il aboye quand il ſent le Gibier, ou quelque choſe d'étrange.

CHIEN armé, c'eſt lorſqu'il eſt couvert pour attaquer le Sanglier.

CHIENS couchans.

Article XVI. de l'Ordonnance du Roy, du mois d'Aouſt 1669.

Interdiſons la Chaſſe aux *Chiens couchans* en tous lieux, & l'uſage de tirer en volant à trois lieuës près de nos plaiſirs, à peine de 200. liv. d'amende pour la premiere fois, 400. liv. pour la ſeconde, & 600. liv. pour la troiſiéme, outre le banniſſement à perpetuité hors l'étenduë de la Maîtriſe.

CHIENS couchans.

Article VI. de l'Ordonnance du Roy, du mois de Juillet 1607.

Et d'autant que la Chaſſe du Chien
E

couchant fait qu'il ne se trouve presque
plus de Perdrix & de Cailles, avons,
conformément aux précedentes Ordonnances des Rois nos Prédecesseurs
& de nous, totalement interdit ladite
Chasse, à tous de quelque qualité &
condition qu'ils soient, ni d'avoir, nourrir & dresser *Chiens couchans.*

Enjoignons aux Capitaines desdites
Chasses, Maîtres des Eaux & Forêts,
Gruiers ou leurs Lieutenans & autres
Officiers de nosdites Forêts ; comme
aussi aux Prevôts des Marechaux, Vice-
Baillifs, Lieutenans de Robe courte,
Vice-Senechaux, & leurs Lieutenans,
de tirer lesdits *Chiens couchans* qu'ils
rencontreront.

Ensemble aux Capitaines & autres
Commandans en nos Gendarmeries &
Infanteries, empêcher qu'aucun des
Gendarmes, Chevaux Legers & Soldats puissent retenir dans lesdites Troupes, Compagnies & à leur suite, aucuns *Chiens couchans*, sur peine d'en
demeurer eux-mêmes responsables envers nous.

CHIENS couchans.
Extrait de l'Ordonnance du Roy,
du 9. Mai 1657.
Sadite Majesté faisant pareillement

défenfe à tous Capitaines & Officiers des équipages de Chaffe de Sadite Majefté, tant pour ce qui regarde fes Chiens couchans, Levriers, que fes Oifeaux & autres, de ne chaffer avec lefdits équipages dans l'étenduë de la Varenne du Louvre, à moins que Sadite Majefté y foit préfente, laquelle leur enjoint de n'exercer lefdits *Chiens, Levriers* & *Oifeaux*, qu'à trois lieuës loin de Paris, fur peine de defobéïffance, & d'encourir fon indignation. Enjoint en outre au Sieur Bailïif & Capitaine de ladite Varenne du Louvre, ou fon Lieutenant Général, & autres Officiers d'icelle, d'y tenir la main, & faire incontinent apprehender par les Gardes & autres les contrevenans aux fufdites Ordonnances & défenfes, de quelque qualité & condition qu'ils foient.

Article I I. de l'Ordonnance de la Varenne du Louvre, du mois d'Avril 1689.

Pareilles défenfes à toutes perfonnes, Artifans, Laboureurs, Chartiers, Voituriers & autres, de mener quand ils iront aux champs, aucuns *Chiens* mâtins ni autres, qu'ils n'ayent le jarret coupé, & aux Bergers de tenir perpetuellement leurs *Chiens* en'laiffe, finon

quand il fera neceffaire de les lâcher
pour la conduite & confervation de leur
troupeau, à peine de 80. liv. d'amende.
Par Arrêt du Confeil privé du Roy, du
27. Juin 1675. ladite peine eft moderee
à 20. livres.

CHIRARGUE, efpece de goute
qui furvient aux mains des Oifeaux.

CILLER. *Voyez* Siller.

CIMIER, c'eft la croupe du
Cerf, du Dain & du Chevreüil,
qui dans la curée fe donne au maître de l'équipage.

CLABAUT, c'eft un Chien
courant à qui les oreilles paffent le
nez de beaucoup. Ce nom vient de
ce qu'il demeure à chaffer & à re-
battre des voies en trois ou quatre
arpens de bois, ce qu'on appelle
clabauder, en ce qu'ils manquent
de force, & ne peuvent aller avec
les autres Chiens.

CLABAUDER. *Voyez* Clabaut.

CLAIRIERES, ce font des
lieux dans les bois qui font dégar-
nis d'arbres.

CLATIR, se dit lorsque le Chien poursuivant la Perdrix, oü le Liévre, redouble son cri, & semble avertir ou demander du secours.

GLEFS, ce sont les ongles des doigts de derriere de la main d'un Oiseau de proye.

CLOSTURES.

Article XXI. de l'Ordonnance du Roy, du mois d'Aoust 1669.

Nos Sujets qui ont Parcs, Jardins, Vergers, & autres Heritages *clos* de murs dans l'étenduë des Capitaineries de nos Maisons Royales, ne pourront faire en leurs murailles, aucuns trous, coulisses ni autres passages, qui puissent y donner l'entrée au Gibier, à peine de 10 liv. d'amende, & s'il y en avoit aucuns faits présentement, leur enjoignons de les boucher incessamment sur même peine.

Article XXII. même Ordonnance.

N'entendons toutefois comprendre dans la prohibition ci-dessus, les trous ou arches qui servent au cours des ruisseaux, ni de chantepleurs, vantouses & autres ouvertures necessaires à l'écoule-

ment des eaux, lesquelles subsisteront
en leur entier.

Article XXIV. même Ordonnance.

Faisons défenses à toutes personnes de
faire à l'avenir aucuns parcs ou clôtures
d'héritage en maçonnerie dans l'étenduë
des plaines de nos Maisons Royales, sans
notre permission expresse.

Article XXV. même Ordonnance.

N'entendons néanmoins obliger nos
Sujets à demander permission *d'enclorre*
les héritages qu'ils ont derriere leurs
maisons, situés dans les Bourgs, Villages & Hameaux hors des plaines, lefquels ils pourront faire fermer de mur,
si bon leur semble, sans que les Capitaines les en puissent empêcher.

*Extrait du Reglement
du 17. Octobre 1707.*

Sa Majesté fait défense à toutes personnes de quelque qualité & condition
qu'elles soient, & sous quelque prétexte que ce puisse être, de chasser, ni
faire chasser à quelque Gibier que ce
soit dans leurs parcs, *clos & jardins* qui
se trouvent dans l'étenduë desd. Capitaineries Royales, sans permission expresse de Sa Majesté ou du Capitaine.

Article II. même Reglement.

Ordonne que les Seigneurs hauts Jufticiers feront tenus de fouffrir les vifites
que lefdits Capitaines pourront faire ou
faire faire par leurs Officiers ou Gardes
pour la confervation du Gibier dans lefdits parcs, *clos* & jardins ; fauf aufdits
Proprietaires de faire accompagner lefdits Officiers ou Gardes dans leurs vifites par telles perfonnes à eux que bon
leur femblera.

Article III. même Reglement.

Pourront auffi les Capitaines tirer
dans lefdits parcs, *clos* & jardins, quand
bon leur femblera, fans qu'ils puiffent y
faire tirer autres perfonnes avec eux ni
y envoyer, & fans que les autres Officiers & Gardes defdites Capitaineries
puiffent ufer de la même liberté qui fera
refervée à la feule perfonne des Capitaines, de laquelle liberté Sa Majefté entend néanmoins qu'ils ufent moderé-
ment.

CLUSE, c'eft le cri avec lequel
le Fauconnier parle à fes Chiens,
lorfque l'Oifeau a remis la Perdrix.
CLUSER la Perdrix, c'eft-à-

dire, parler au Chien, lorſque le Faucon l'a remiſe.

COCHE, entaille qu'on fait dans le bois.

COEFFE', c'eſt quand un Chien courtaut eſt bien avallé, dont les oreilles paſſent le nez de quatre doigts.

COFFRE, le *coffre* du Cerf ou carcaſſe, c'eſt quand tout en eſt lévé, c'eſt auſſi le même terme pour Dain, Chevreüil & Liévre.

COLLET, eſt un petit filet de corde ou de fil de fer tendu dans des hayes ou paſſages étroits, avec un nœud coulant, dans lequel les Liévres, les Lapins & autre Gibier ſe prennent & s'étranglent quand ils y paſſent.

COLLET, eſt auſſi un petit filet de crin de Cheval à trois crins, tendu dans des hayes, & aux paſſées avec un nœud coulant dans lequel les Oiſeaux & autre Gibier ſe prennent par le col quand ils paſſent.

COLLETER signifie tendre des collets pour prendre du Gibier.

COLLETEUR, c'est celui qui tend des collets.

COLLIER du Limier s'appelle botte, c'est ce qu'il a quand on le méne aux bois.

COLPORTEURS.

Extrait de l'Ordonnance du Roy, du 21. Janvier 1715.

Défenses à toutes personnes de *colporter*, *faire colporter*, ou exposer en vente aucun Gibier, soit dans la Ville & Banlieuë de Paris, soit dans les Villés & Villages situés dans l'étenduë des Capitaineries Royales de la Varenne du Louvre, &c. si ce n'est dans les marchés publics, à peine de prison contre les contrevenans, de confiscation du Gibier, & de 509. livres d'amende, dont moitié ainsi que le Gibier confisqué appartiendront au dénonciateur ou à ceux qui auront fait la saisie, & procuré l'emprisonnement des contrevenans.

COMBLETTE, fente qui est au milieu du pied du Cerf.

CONGEDIER. *Voyez* abandonner.

CONNOISSANCES, indices de l'âge & de la forme du Cerf par la tête, le pied, les fumées, &c.

CONNOISSEURS, ce sont ceux qui ont des notions & connoissances des Bêtes.

CONTREMAILLE, c'est un filet à mailles doubles.

CONTREPIED, le prendre, c'est retourner par où le Cerf est venu.

COR, c'est la trompe des Chasseurs.

CORDES de crin, c'est le trait dont on se sert pour mener le Chien au bois.

CORNER, c'est sonner du cor.

CORNES de Cerf sont appellées en bon terme bois de Cerf, & ainsi du Dain & du Chevreüil.

CORNETTE, c'est ce qu'on appelle la houpe, ou tiroir de dessus le chaperon de l'Oiseau.

CORPS de la tête d'un Cerf, d'un Dain & d'un Chevreüil, s'appellent les perches & le marain, c'est où sont attachés les andoüillers.

CORS, ce sont les cornes sortans de la perche du Cerf, le premier s'appelle andoüiller, le second surandoüiller, les suivans cors, chevilles ou chevillures, doigts ou époirs.

CORSAGE, forme du corps du Cerf.

COUDRE un filet, c'est en assembler deux pour n'en faire qu'un, ou bien on coud des filets pour les rallonger, ou en faire servir de vieux.

COULEUR de poil brune, fauve & rouge, c'est le pelage du Cerf, du Dain & du Chevreüil.

COULEUR de poil pour Chiens courans, blanche, noire, rouge & grife, & les quantroüilleures sur tous les poils sont blanches, grifes, noires, fauves & rouges de feu, comme il y peut avoir des miancelures de tous ces poils.

¶ COUP, un Oiseau prend coup,

quand il heurte trop fortement contre la proye.

Couper, c'est quand un Chien quitte la voye de la Bête qu'il chasse, étant avec les autres, & qu'il la va chercher en coupant les devans pour prendre son avantage, qui est un vice auquel on doit prendre garde pour n'en pas tirer de la race, un Chien ne vaut rien qui ne fait que *couper*.

Couple, c'est le lien de cuir & de fer dont on couple deux Chiens ensemble avec un *couple*.

Coupler les Chiens, les lier deux à deux.

Courcaillet, c'est le cri que font les Cailles : c'est aussi un petit siflet qui imite le cri des Cailles, & qui sert d'appeau pour les attirer, il est fait de cuir qui se plisse en rond, qui s'étend & se resserre pour former le bruit.

Coureurs, Chevaux de chasse qui ont la queuë coupée.

Couronne, c'est le duvet qui est autour du bec de l'Oiseau, à l'endroit où il se joint à la tête.

Courre le ou la *courre*, c'est où l'on met les Levriers pour prendre le Loup, le Sanglier & le Renard.

Courjointe', se dit d'un Oiseau qui a les jambes de mediocre longueur.

Courtoisie, faire la *courtoise* aux Autours, c'est leur laisser plumer le Gibier.

Couverte, vol à la *couverte.* Voyez Vol.

Couvrir une aiguille, c'est mettre du fil dessus, telle aiguille est ordinairement de bois, & ne sert qu'à ceux qui font des filets propres pour la Chasse ou la Pêche.

Crac, maladie des Oiseaux de proye.

Craye, autre maladie.

Creance, c'est un nom qu'on donne à la filiere ou ficelle avec laquelle on retient l'Oiseau qui n'est pas bien asûré, & on appelle un Oiseau de peu de *créance*, celui qui n'est ni bon ni loyal, qui est sujet à s'essorer ou à se perdre; on dit aussi, *un Chien de créance*, celui auquel on peut se fier.

CRIER bien, c'est quand un Chien couchant aboye souvent en chassant.

CROCHETS, c'est de quoi l'on crochete & attache par en-bas une des cordes qui est aux toiles.

CROIX de Cerf, c'est l'os que l'on trouve dans son cœur, qui tire sur cette forme, lequel mis en poudre dans du Vin, est un remède pour les femmes en travail.

CRÔLER, se dit des Oiseaux qui se vuident par le bas. Lorsqu'un Oiseau *crôle*, c'est en lui une marque de santé.

CRÔNES en fait de Pêche, sont des endroits qui sont au fond de l'eau, garnis de racines d'arbres, de

grands herbiers & autres choses de
cette nature, c'est ordinairement
où se retire le Poisson.

CROULER la queuë, cela se dit
du Cerf quand il fuit.

CROUPPE de Cerf, s'appelle
Cimier.

CROTTE, se dit de la fiente
des Liévres & Conils.

CRU, signifie le milieu du buisson où la Perdrix se met quelquefois pour se garentir des Chiens: on
l'appelle aussi le *creux* du buisson.

CURE, c'est un certain remede
que les Fauconniers donnent à leurs
Oiseaux, en forme de pilules faites
avec de l'étoupe, du coton ou de
la plume, pour désecher leurs fle-
gmes: & on dit, *les Oiseaux se*
portent bien, quand ils ont rendu
leur cure.

On dit *armer les cures de l'Oi-*
seau, lorsqu'on met auprès de la
cure un peu de chair, pour la lui
faire mieux avaller.

On dit aussi, *qu'un Oiseau tient sa cure*, quand la pilule fait son devoir.

Curé'e, c'est faire manger le Cerf, ou autres Bêtes aux Chiens; on fait aussi *la curée du Liévre*.

Durant *la curée* point de gands, autrement les Valets de Chiens sont en droit de demander pour boire.

Pour *la curée*, les Limiers pour le premier, ont pour leur droit le cœur & la tête.

Et les Chiens courans ont le col qu'on leur dépoüille tout chaudement; car les *curées* chaudes sont les meilleures.

Les *curées* qui se font au logis, sont de pain découpé avec fromages arrosés du sang de Cerf.

Donner curée à l'Oiseau, cela s'appelle *essemer*.

Curer les Oiseaux, c'est leur donner une cure, il ne faut point paître un Oiseau qu'il n'ait *curé* ou rendu la *cure*.

DAGUER

D

DAGUER, signifie aller à ti-re d'aîle & de toute la force de l'Oiseau, ou travailler diligem-ment de la pointe de l'aîle : ce mot vient de *dague* qui étoit une espece de javelot qu'on lançoit autrefois, & qui partoit extremêment vîte.

DAGUES, c'est le premier bois que porte un Cerf pendant le cours de sa seconde année, qui sont sa pre-miere tête, elles sont longues de six à sept pouces, elles ont la mê-me vertu que sa corne de Licorne.

DAGUETS, ce sont des jeunes Cerfs à leur seconde année qui poussent & portent leurs premiers bois, qui sont environ gros & longs comme deux fuseaux sans aucuns andoüillers.

DAINTIERS, ce sont les rognons du Cerf.

DEBUCHER, c'est sortir du bois.

DECHAPERONER, c'eſt ôter le chaperon d'un Oiſeau de proye, quand on le veut lâcher.

DECHAUSSURES, c'eſt le lieu où a graté le Loup, où il s'eſt déchauſſé.

DECOUPLER les Chiens, c'eſt les délier quand ils ſont deux à deux.

DECOUSURES, c'eſt quand un Sanglier a bleſſé de ſes défenſes un Chien.

DEDANS, mettre un Oiſeau *dedans*, c'eſt l'appliquer actuellement à la Chaſſe.

DEDORTOIRE, bâton de deux pieds dont on ſe ſervoit autrefois pour parer les gaulis, on ſe ſert à préſent du manche du foüet.

DEFAUT, demeurer en *défaut*, c'eſt avoir perdu les voyes pour quelque tems, ou tout-à-fait, de la Bête qu'on chaſſe.

DEFENSES, ce ſont les grandes dents d'en bas d'un Sanglier.

Degre', se dit de l'endroit où
l'Oiseau durant sa montée ou éle-
vation, tourne la tête, & prend une
nouvelle carriere, ce qu'on appelle
deuxiéme ou troisiéme degré jufqu'à ce qu'il se perde de vûë.

Deharder, c'est ôter des couples que l'on a passées dans le milieu d'une couple qui tient deux
Chiens, pour en tenir plusieurs ensemble, & les en ôter aussi quand
ils ont les jambes prises dans leurs
couples.

Delie'es, se dit des fumées bien
machées, que nous appellons en
terme de Chasse bien mouluës.

Delivre', un Oiseau déli-
vré, c'est-à-dire, qui n'a point de
corsage, & qui est presque sans
chair, comme le Heron, & délivré
par conséquent d'un poids que lui
donneroit sa chair, s'il en avoit
beaucoup, c'est delà que le mot a
été formé.

Delonger, c'est ôter la

longe d'un Oiseau pour le faire voler, ou dans une autre occasion.

DEMESLER la voye, trouver la voye du Cerf couru au milieu d'autres Cerfs.

DEMI Autour, c'est la seconde espece, qui est maigre & peu prenant.

La premiére espece & plus noble, est l'Autour qui est femelle.

Il y en a cinq especes, les autres se trouveront à leurs lettres.

DENT; grosses dents du Loup sont propres à mettre à des hochets & à polir.

DE PASSAGE, on dit, *Faucon de passage*, c'est une des dix especes.

DEPLOYER le trait, c'est allonger la corde de crin qui tient la botte d'un Limier.

DEROBER, on dit *dérober les sonnettes*, quand l'Oiseau s'écarte, ou s'en va sans être congedié, &

emporte les sonnettes de son maî‑
tre.

D'EROCHER, se dit des grands
Oiseaux qui poursuivant les Bêtes
à quatre pieds, les contraignent à se
précipiter de la pointe des rochers
en bas, pour éviter de tomber dans
leurs serres.

On voit quelquefois les gros Oi‑
seaux *derocher* les Fans & les Bi‑
ches.

D'EROMPRE, se dit d'un Oi‑
séau de proye qui fond sur un au‑
tre, & qui de ses cuisses & de ses
serres lui donne un coup si furieux,
qu'il rompt son vol, l'étourdit, &
le meurtrit en le faisant tomber à
terre tout rompu & tout brisé, *ce*
Faucon vient de derompre sa proye.

D'ENONCIATEUR.

Article XXV. de l'Ordonnance du Roy,
du 4. Juin 1601.

Avons attribué & attribuons au de‑
nonciateur des delinquans coupables &
contrevenans à nosdites défenses, le tiers

dénier provenant defdites amendes &
confifcations , après toutefois qu'elles
feront jugées par Arrêts de nos Cours
Souveraines.

DEROQUER, faire fauter quelque chofe de la pointe d'un rocher
en bas. *Voyez* Derocher.

DERRIERE, c'eft le terme
dont on doit ufer, quand on veut
arrêter un Chien , & le faire demeurer derriere foi

DESCENTE, fe dit de l'Oi-
feau qui fond fur le Gibier avec
impetuofité pour l'affommer, ce
qu'on appelle fondre en rondon:
quelquefois la defcente de l'Oifeau
fe fait doucement , lorfqu'il fe
laiffe aller en bas, ce qu'on appelle
fimplement fondre ou filer.

DESEMPLOTOIR, c'eft un
fer avec lequel on tire de la mulette des Oifeaux de proye , la
viande qu'ils ne peuvent digerer.

DETOURNER, c'eft décou-
vrir par le moyen du Limier le

lieu où le Cerf est à sa reposée,
& en marquer l'enceinte.

DINTIERS, ce sont les rognons d'un Cerf.

DONNER le Cerf aux Chiens,
c'est lancer & faire découpler les
Chiens sur les voyes.

DORE'ES, ce sont des fumées
de Cerf qui sont jaunes.

DRAP de curée, c'est une
toile sur laquelle on étend la moüée
qu'on donne aux Chiens, quand
on leur fait la curée de la Bête
qu'ils ont prise.

DROIT de Chasse. Le *Droit*
présuppose un titre : une longue
possession n'est point suffisante pour
attribuer *droit* aux Forests du Roi,
parce qu'on la pourroit plûtôt reputer usurpation faite par la negligence ou connivence des Officiers;
qui ne vaudroit pour acquerir prescription d'une servitude sur le Domaine du Roi.

DROIT: on dit, *prendre ou*

tenir le droit, pour faire entendre qu'un Chien reprend bien la voye.

DROIT du Limier, la ratte & le foye lui appartiennent dans la curée.

DROIT du Valet de Limier qui a détourné, c'est l'épaule droite.

DROITS du Seigneur, ce sont le filet, les cuisses & le cimier avec toute la tête.

DUIRE l'Oiseau. *Voyez* Affaiter.

DUVET, est la plume menuë qui couvre tout le corps de l'Oiseau de proye.

DUVETEUSE, se dit des Oiseaux qui ont beaucoup de plumes molles & délicates proche la chair. Ce mot vient de *duvet*, ainsi on dit, *cet Oiseau est bien duvetense.*

ECCLESIASTIQUES

E

ECclesiastiques.

Article XXXV. de l'Ordonnance,
du mois d'Avril 1669.

Quant aux Prêtres, Moines & Religieux qui tomberoient dans cette faute, & n'auroient pas de quoi satisfaire à
l'amende, il leur sera défendu pour la
premiere fois de demeurer plus près des
Forêts, Bois, Plaines & Buissons que
de quatre lieuës, & en cas de récidive,
en seront éloignés de dix lieuës, par saisie de leur temporel, & par toutes autres voyes raisonnables, conformément
à la Déclaration de François Premier,
du mois de Mars 1515.

Extrait de l'Article XVIII. de la Dé-
claration de François Premier,
du 18. Mars 1515.

Avons ordonné & ordonnons, que si
aucuns Clercs, Prêtres, Moines ou
Religieux attentoient contre nosdites
Ordonnances, qu'il leur soit défendu
de demeurer à quatre lieuës d'icelles
Forêts, Buissons ou Garennes : & néan-

G

moins soient rendus à leurs Juges chargés du cas privilegié, & punis d'icelui
selon l'exigence du cas, & s'ils étoient
coutumiers de le faire, leur sera défendu de demeurer à vingt lieuës près
desdites Forêts, & à ce seront contraints
par prise du temporel, & par toutes autres voyes dûës & raisonnables. *Voyez*
Peines contre les Larrons.

ECHALAS.

*Extrait de l'Ordonnance du Roy,
du 7. Decembre 1660.*

Sa Majesté fait très-expresses défenses aux Proprietaires ou à telle autre
personne qu'il appartiendra, de laisser
aucuns échalas dans lesdites Vignes,
sous peine de l'amende & de confiscation desdits échalas, en cas de contravention.

ECHAUFFER, *s'échauffer sur
la voye*, c'est la suivre avec ardeur.

ECLABOUCHEURE, c'est lorsque la Bête que vous courez fait
aller de l'eau sur les branches, &
sur les herbes qui sont des deux
côtés du ruisseau qu'elle aura lon-

gé ou traversé, ou sur les pierres qui excedent l'eau.

EGALE', c'est-à-dire, moucheté.

EGALURES, s'entend des mouchetures blanches qui sont sur le dos de l'Oiseau : on dit, *il a le dos tout parsemé d'égalures.*

ELAVE', poil *élavé*, c'est un poil molasse & blafart en couleur, en fait de Bête à chasser, & de Chiens, c'est une marque de foiblesse en eux.

EMBLER, c'est quand aux alleures d'une Bête, les pieds de derriere surpassent ceux de devant de quatre doigts.

EMERILLON, c'est une des dix especes de Faucon.

EMERILLON, est de la forme du Faucon, & prend principalement de petits Oiseaux, il doit être oiselé en huit jours, autrement il ne vaut rien.

EMBU, se dit de l'escrement

que rendent les Oiseaux de proye:
on dit, *le Faucon se porte bien,
quand il rend bien son émeu.*

EMEUTIR, se dit des Oiseaux
de proye, quand ils se déchargent
le ventre : d'autres disent *émeuter.*

EMPAUMER la voye , c'est
prendre la voye.

EMPAUMURE, c'est le haut
de la tête du Cerf & du Chevreüil,
qui est large & renversée, où il y a
trois ou quatre andoüillers au plus,
pour les Cerfs de dix corps & les
vieux Chevreüils , car les jeunes
n'en ont pas.

EMPELOTER, se dit d'un Oiseau qui ne peut digerer ce qu'il
avale à cause que cette nourriture
se met en peloton, pour lors on
la lui tire avec le *desempelotoir.*

EMPIETER , se dit des Au-
tours lorsqu'ils enlevent ou empie-
tent la proye, c'est-à-dire , lorsqu'ils l'emportent à leurs pieds.

ENCEINTE , c'est le lieu où

le Valet de Limier détourne les Bêtes avec son Limier.

ENCHAPERONER, c'est met-
tre un Chaperon sur la tête de l'Oiseau.

ENDUIRE, se dit quand l'Oiseau digere bien sa chair.

ENFONCER, se dit lorsque
l'Oiseau fond sur la Perdrix, la
poussant jusqu'à la remise.

ENGINS, c'est selon certains
preneurs d'Oiseaux, l'équipage qui
convient à cette Chasse, & qu'on
porte lorsqu'on y va. *Voyez* Vente
ci-après.

ENGUICHURE, c'est l'entrée
de la trompe.

ENLARMER un filet, ce n'est
autre chose que faire comme de
grandes mailles à côté du filet avec
de la ficelle.

ENLEVER la meute, c'est lorsqu'au lieu de laisser chasser ses
Chiens, on les entraîne par le plus
court chemin au lieu où un Chas-

seur a vû le Cerf, & où on retrou-
ve la voye.

ENTE'ES, ce sont des fumées
de Cerf ou de Biches, dont deux
ne font qu'une, & qui peuvent se
separer sans se rompre.

ENTER, signifie rejoindre une
penne gardée à celle d'un Oiseau
qui est rompuë, froissée ou albre-
née, c'est aussi la raccommoder à
l'éguille ou au tuyau.

ENTES, ce sont des peaux
d'Oiseaux remplies de paille ou de
foin, ausquelles on fiche un piquet pardessous le ventre, pour
les faire tenir à terre, comme s'ils
étoient sur leurs pieds, afin d'attirer les autres Oiseaux, qui les voyant
se jettent dans les piéges qu'on leur
tend.

ENTRAVER, c'est raccom-
moder les jets de l'Oiseau, de sorte
qu'il ne peut se déchaperonner.

ENTRE'E de Gibier,

Extrait de l'Ordonnance, du 21.
Janvier 1715.

Défend Sa Majesté aux Commis de ses Fermes & autres Préposés aux *Entrées* de la Ville de Paris, de laisser passer aucun Gibier porté à la main, si le porteur ne leur représente un certificat signé du Proprietaire des Fiefs & Terres où il aura été tiré. N'entend néanmoins Sa Majesté, comprendre dans la présente Ordonnance, le Gibier que les Marchands Forains, les Messagers & autres Voituriers publics peuvent amener & voiturer, ce qui leur sera libre de faire comme par le passé.

EPERVIER, est la quatriéme espece d'Autour qui prend de tout, hors les grands Oiseaux.

Il doit être grand & court, la tête petite, épaules larges & grosses, jambes grosses, pennes noires.

Le niais est bon, & revient volontiers à son maître.

Le sot est difficile à affaiter, & sera bon s'il ne fuit les gens.

Le meilleur est le branchier.

EPOIS, cors qui font au fom=
met de la tête du Cerf. Il y a des
épois de coronure, de paulmure,
de trochure & d'enfourchure.

EPONGES, c'eft ce qui forme
le talon des Bêtes.

EPREINTES, c'eft ainfi qu'on
nomme les fientes de Loutre.

EPREVIER, ramage, eft ce-
lui qui a volé les Forêts, & qui a
été à foi, c'eft-à-dire, qui n'a jamais été à d'autre qu'à lui-même.

EPREVIER Royal, eft celui
qui a été pris au nid, nourri & fa-
çonné pour giboyer à plaifir.

ERGOTTÉ, *un Chien eft ergotté*, quand il a une ongle de
furcroît au dedans & au deffus du
pied.

ERRES du Cerf, font les traces ou voyes.

ERUCIR, *le Cerf érucit*, quand
il prend un bâton dans fa gueule,
& le fuce pour en avoir la liqueur.

ESCARTABLE, fe dit des Oi-

feaux fujets à s'écarter, tels que
font les plus vêtus & les plus coutumiers de monter en effort, quand
le chaud les preffe.

ESCHAPPER, ce terme s'appli-
que aux Oifeaux qu'on a en main,
& qu'on met en liberté en pleine
campagne pour avoir le plaifir de
les faire voler aux Oifeaux de proye,
qu'on lâche fur eux.

ESCLAME, eft le nom de l'Oifeau qui eft de longueur bienfai-
fante & non épaulée ; les Efclames
font plus beaux voleurs que les
Gouffauts, c'eft-à-dire, qui font
courts & bas affis.

ESCUMER, fe dit quand l'Oifeau paffe fur le Liévre ou fur fa
proye fans s'arrêter.

ESCUMER la remife, c'eft
quand il paffe fur la Perdrix qu'il a
pouffée dans le buiffon.

Ce terme s'entend encore d'un
Oifeau qui court fur le Gibier que
les Chiens lancent.

ESMAILLEURES, s'entend des mailles ou taches rousses qu'on voit sur les pennes de l'Oiseau de proye.

ESPIE', *Chien épié*, c'est quand il a du poil au milieu du front, plus grand que l'autre, & dont les pointes se rencontrent, & viennent à l'opposite, c'est une marque de vigueur & de force.

ESPINES.

Extrait de l'Ordonnance du Roy, du 9. Aoust 1666.

Pareillement Sadite Majesté veut & ordonne que tous les Proprietaires & Fermiers des Terres dans l'étenduë de ses Chasses & Plaisirs, deux lieuës à la ronde de Paris, mettront & ficheront en terre des *épines* au nombre de cinq dans chacun arpent; sçavoir, une au milieu, & les quatre aux coins, pour empêcher les Chasseurs de nuit aux traîneaux qui dépeuplent ses plaisirs, ce qui sera executé incessamment après la recolte.

ESPLANADE, c'est la route

que tient l'Oiseau , lorsqu'il plane en l'air.

ESPONGE, c'est ce qui forme le talon des Bêtes dont on a parlé.

ESTREUFLE' , se dit d'un Chien qui a un os de la hanche hors de son lieu.

ESSIMER, c'est lorsque pour ôter la graisse d'un Faucon & l'amaigrir on lui donne diverses cures. C'est presque comme si on disoit *essuimer , ôter le suif.*

ESSIMER l'Oiseau, c'est aussi le mettre en état de voler , lorsqu'on l'a dressé, ou bien au sortir de la muë.

ESSORER, c'est prendre l'essor trop fort, mauvaise marque dans un Oiseau de proye.

EVENTER la voye, c'est quand elle est si vive que le Chien la sent, sans mettre le nez à terre , ou quand après un long défaut les Chiens ont le vent du Cerf qui est sur le ventre dans une enceinte.

EVENTILLER, se dit de l'Oiseau, lorsqu'il se secoüe en se sou-
tenant en l'air, comme s'il faisoit
une capriole, un Oiseau qui *s'é-
ventille*, c'est-à-dire, qui s'égaye
& prend le Vent.

EVERRER, c'est ôter un nerf
de dessous la langue d'un Chien,
ce qui étant fait, il ne mord jamais,
fût-il enragé.

F

FANFARES, airs mésurés
qu'on sonne au Lancer, à la
vûë du Cerf, à l'halaly & à la curée.

FANS, ce sont les petits des
Biches, Daines & Chevrettes d'un
an.

FAUCON, Oiseau de proye
dont on se sert pour voler ; celui
qui est pris devant la muë est le
meilleur.

FAUCONNIER, celui qui a soin

&c instruit toutes sortes d'Oiseaux de proye à voler.

FAUCONIERE, lieu où on éleve les Faucons, & où on les instruit au vol.

FAUVE, Bête *fauve*, c'est un Cerf, un Dain & un Chevreüil, y comprises les femelles.

FAUX fuyant, c'est ce qu'on appelle une sente à pied dans le bois.

FAUX marcher, se dit de la Biche qui biaise en marchant, ou du Cerf après qu'il a mis bas.

FAUX marqué, c'est lorsque à une tête de Cerf il n'y a que six cors d'un côté & sept de l'autre : on dit alors, *il porte quatorze faux marqué* ; car le plus emporte le moins.

FAUX rembuchement, c'est lorsqu'une Bête entre dans un fort dix ou douze pas, & revient tout court sur elle, pour se rembucher dans un autre lieu.

·Ferme, un Chien qui arrête est un Chien *ferme*.

Fientes, ce font les escremens des Bêtes puantes, comme Teſſons, Renards.

Filandres, maladie qui furvient aux Oiſeaux, & qui n'eſt autre choſe que des filamens de fang caillé & deſſeché, après la rupture violente de quelques veines, & qui ſe fige en guiſe d'anguille, & lui travaillent le corps, les cuiſſes & les reins.

On appelle auſſi *filandres*, certains vers fort déliés qui s'attachent au gozier des Oiſeaux de proye, au tour du cœur, du foye, & des poulmons, & qui leur font quelquefois neceſſaires quand ils font pleins ; cela les rend plus diſpos à la volerie.

Ce font encore des crepes qui tombent de l'air, & qui s'attachent fur les voyes d'une Bête, ce qui les fait connoître vieilles.

Filer. *Voyez* descente.

Filet, se dit de ces reseaux qui sont faits de *filet* pour prendre du poisson, comme les Trubles, Semes, Eperviers, Tramails, &c. ou pour la Chasse, comme les tirasses, traîneaux, cordelieres, rets, pochettes, boursettes ou bourses.

Filet volant, est un *filet* facile à porter, & dont on se sert à plusieurs choses.

Filets, *grands filets*, c'est la chair qui se leve au-dessus des reins du Cerf, & les *petits filets* se levent au-dedans des reins : c'est un droit du maître.

Filiere, est une ficelle d'environ dix toises, qu'on tient attachée au pied de l'Oiseau, pendant qu'on le reclame, jusqu'à ce qu'il soit assuré.

Filiere s'appelle aussi créance, & tiens le bien, parce que si on lâchoit l'Oiseau, il seroit en danger de dérober ses sonnettes.

FLASTRURE, c'est le lieu où le Liévre & le Loup s'arrêtent & se mettent sur le ventre, lorsqu'ils font chassés des Chiens courans.

FLASTRER : on dit, *le Liévre se flâtre* quelquefois, lorsqu'il est poursuivi.

FLASTRER, c'est aussi faire rougir un fer en forme de clef platte, & l'appliquer au milieu du front d'un Chien qui est mordu d'un Chien enragé, pour empêcher qu'il ne le devienne.

FOINS.

Article XXIII. de l'Ordonnance du Roy, du mois d'Aoust 1669.

Défendons à tous nos Sujets ayans des isles, prez & bourgognes sans clôture, dans l'étenduë des Capitaineries de Saint Germain en Laye, Fontainebleau, Vincennes, Livry, Compiegne, Chambort & Varenne du Louvre, de les faire faucher avant le jour de S. Jean-Baptiste, à peine de confiscation & d'amende arbitraire.

FOLILETS, c'est ce qu'on leve le

le long du défaut des épaules du Cerf, après qu'il est dépoüillé.

FONDRE. *Voyez* Descente.

FORCEAU : on dit, *pau forceau*, c'est-à-dire, un piquet sur lequel un filet est entierement appuyé, qui le retient à force.

FORHU, ce sont les petits boyaux du Cerf, que l'on donne aux Chiens au bout d'une fourche émouslée, durant le printems & l'esté, après qu'ils ont mangé la moüée & le coffre du Cerf.

FORHUIR, c'est sonner la trompe de fort loin.

FORLONGER, prendre un grand pays, & l'éloigner hors du pays ordinaire. *Le Cerf forlonge*, quand il a bien de l'avance sur les Chiens.

FORME, s'entend d'une espace de terre sur laquelle un filet est étendu en la couvrant, lorsqu'on le fait agir.

FORMES, se dit des femelles des Oiseaux de proye, qui donnent le nom à l'espece, au lieu que les mâles s'appellent Tiercelets, parce qu'en general, la femelle de l'Oiseau de proye est plus grande, plus hardie & plus forte que son mâle. *Les Formes ne sont point propres à la volerie.*

FORME'ES, *fumées formées*, ce sont des fientes de Bêtes fauves, comme en crotte de Chevre, mais plus grosses.

FORMI, maladie qui survient au bec de l'Oiseau de proye.

FORT : on dit, *voler de poing fort. Voyez* Voler.

FORT, c'est l'épaisseur du bois.

FOSSE'S.

Extrait de l'Ordonnance du Roy, du 9. Aoust 1666.

Ni faire *fossés* autour de leurs heritages qui puissent empêcher le plaisir de la Chasse à Sadite Majesté, conformément aux dernieres Ordonnances qui ont été expressément affichées aux poteaux dans lesdites plaines, à peine, contre les contrevenans, de 100. liv parisis d'amende, & de combler lesdits *fossés* à leurs dépens.

FOULER, c'est faire battre ou parcourir un terrain par le Limier ou par la meute.

FOULE'ES, c'est quand on revoit de la forme du pied d'une Bête sur l'herbe ou des feüilles par où elle a passée ; & si c'est en terre nette, cela s'appelle *voye* pour Cerf, Dain, Chevreüil & Liévre ; pour Loup & Renard *piste*, & pour Bête noire *trace*.

FOULURES, marques du pied du Cerf.

FOURCHE, bâton à deux branches, qui reçoit le forhu dans la curée.

FOURCHETTE, ce qui est dans la sole du pied.

FRAISE, c'est la forme des meules & des pierrures de la tête du Cerf & du Chevreüil qui est le plus proche de la tête, que nous appellons massacre.

FRAPER à route, c'eſt faire
retourner les Chiens pour les faire
relancer le Cerf.

FRAYOIR, c'eſt lorſque le Cerf
brunit ſon bois nouveau contre les
baliveaux, pour détacher & ôter
une peau veluë qui le couvre,
après quoi il l'enfonce dans la terre, & le brunit en lui donnant une
couleur ſelon le terrein.

FREOUER, c'eſt une marque
que le Cerf fait aux bois, quand il
y touche de ſa tête pour détacher
& ôter cette peau veluë qui la couvre ; celui qui apporte le premier
freoüer à l'aſſemblée où eſt le Roy,
mérite un préſent du Roy ; ſçavoir,
un Cheval à un Gentil-homme de
la Venerie, & un habit à un Valet
de Limier, ce qui s'eſt obſervé de
tout tems.

FUITE, ſe dit du Faucon qui
s'écarte : c'eſt auſſi ce qui ſe con-
noît, quand les Bêtes courrent, &
qu'elles ouvrent le pied.

Fᴜᴍᴇᴇ, on prend les Lapins à la fumée avec du souffre.

Fᴜᴍᴇᴇs, ce sont les fientes des Bêtes fauves qui sont en bouzarts, plateaux, torches, nœuds, formées, martelées ou aiguillonnées.

Fᴜᴍᴇʀ les Lapins, c'est les prendre à la fumée.

Fᴜʀᴏɴs.

Article IV. Ordonnance de Philippe le Long. 1318.

Nul ne pourra tenir *Furons* ni Resevils, s'il n'est Gentil-homme, ou s'il n'a Garenne, à peine de soixante sols Parisis d'amende, ou la volonté du Roy, ou de celui en la Justice duquel sera trouvé, & aura le dénonciateur le tiers de l'amende.

Fᴜsɪʟ, c'est une longue arme à-feu qui a pour platine un fusil vers la culasse : c'est de cette piece que cet arme a pris son nom.

Fᴜsᴛᴇʀ : on dit, *cet Oiseau a fusté*, c'est-à-dire, il s'est échappé après avoir été pris, ou il a découvert les piéges qu'on lui tendoit.

G

GAIGNAGES, ce font les lieux où font les grains où les Bêtes fauves vont la nuit fe repaître & viander.

GARDES, ce font les deux os qui forment la jambe à toutes les Bêtes noires.

GARDES.

Article II. Titre des Huiſſiers & Gardes, du mois d'Aouſt 1669.

Ne feront reçûs aucuns Sergens à *Garde*, que fur l'information de vie & mœurs, par témoins, qui feront adminiſtrés par notre Procureur en la Maîtrife, & qu'ils ne fachent lire & écrire, même qu'ils n'en ayent fait experience en préfence des Officiers des Sieges.

Article XXXIX. de l'Ordonnance du Roy, du mois d'Aouſt 1669.

Les Sergens à *Garde* de nos Forefts & *Gardes* plaines de nos plaifirs, ne pourront faire aucuns Exploits, que pour le fait de nos Eaux & Forefts, &

Chasses, à peine de faux ; revoquant
pour cet effet toutes Lettres d'Amplia-
tions que nous leur pourrions avoir accordé.

*Article I X. de l'Ordonnance du Roy,
du mois d'Aoufl 1669.*

Les Sergens à *Gardes* où se trouveront des aires d'Oiseaux, seront chargés de leur conservation par Acte par-
ticulier , & en demeureront responsables.

*Article VI. de l'Ordonnance du Roy,
du mois d'Aoufl 1669.*

Pourront pareillement les *Gardes* des
Plaines, & Sergens à *Garde* de nos Bois,
lorsqu'ils feront leurs Charges, étant
couverts & revêtus des casaques de nos
Livrées, & non autrement, y porter
pistolets tant de nuit que de jour, pour la
défense de leurs personnes.

Article V I I. même Ordonnance.

Ne pourront les *Gardes* des Plaines
de nos Capitaineries , tant à pied qu'à
cheval , porter aucune arquebuse à
roüet , ou fusil, dans nos Forefts &
& Plaines, s'ils ne sont à la suite de
leur Capitaine ou Lieutenant, à peine
de 50. liv. d'amende & de destitution de
leur Charge.

GARENNES.

Article X. de l'Ordonnance du Roy, du mois d'Aoust 1669.

Voulons que ceux qui seront convaincus d'avoir ouvert ou ruiné les halots ou raboulieres qui sont dans nos *Garennes*, ou en celles de nos Sujets, soient punis comme Voleurs. *Voyez* Peines contre les Larrons.

Article X I X. même Ordonnance.

Nul ne pourra établir *Garenne* à l'avenir, s'il n'en a le droit par les aveux & dénombremens, possessions ou autres titres suffisans, à peine de 500. livres d'amende, & en outre d'être la *Garenne* détruite & ruinée à ses dépens.

GARRE, c'est le terme dont se sert celui qui laisse courre, & entend partir le Cerf de la reposée, afin de faire connoître aux Piqueurs qu'il est lancé.

GARRIERE, se doit entendre d'une espece de petite rigole faite exprès pour cacher un ressort d'un filet appellé guide.

GAULIS, ce sont des branches d'un

d'un bois de dix-huit à vingt ans.

GERFAUD, eſt une des dix eſpeces de Faucon ; on le prend en faiſant ſon paſſage en Allemagne, il eſt bien empieté, doigts longs, grand, puiſſant, aſſez difficile à faire, & bon à tout Gibier.

GIBOYER, c'eſt chaſſer avec le fuſil à pied & ſans bruit.

GIBOYER, ſe dit auſſi lorſqu'on chaſſe à l'Oiſeau, lorſqu'on vole le Gibier.

GIBOYEUR, c'eſt un homme qui chaſſe avec le fuſil.

GIGOTTE', Chien bien *gigotté*, c'eſt quand un Chien a les cuiſſes rondes & les hanches larges, c'eſt ſigne de vîteſſe.

GITE, c'eſt le lieu où ſe couche le Liévre.

GLUAUX, ce ſont des ramilles enduites de glu, & dont on ſe ſert pour attraper les petits Oiſeaux.

GOBET, ſe dit d'une maniere de chaſſer ou voler les Perdrix,

I

avec l'Autour & l'Epervier.

GORGE, ou voix : on dit, *ce Chien a bonne gorge*, c'est-à-dire, bonne voix.

GORGE, est le sachet superieur de l'Oiseau de proye, qu'ailleurs on nomme poche. *Il faut donner grosse gorge à l'Oiseau*, c'est-à-dire, de la viande grossiere, & non trempée dans l'eau, non essimée ; en un mot leur faire faire une mauvaise chere.

On appelle *gorge chaude*, la viande chaude qu'on donne aux Oiseaux de proye, & qu'on prend du Gibier qu'ils ont attrapés.

On dit aussi *donner bonne gorge*, quand les Fauconniers repaissent les Oiseaux. Demie *gorge*, ou quart de *gorge* selon que l'on les veut traiter.

Enduire ou digerer la gorge, se dit de l'aliment que l'Oiseau a pris. On dit, *l'Oiseau a digeré sa gorge*, lorsque cette *gorge* passe vîte, & l'Oiseau émeutit incontinent sans prendre nourriture, on tient que c'est mauvais signe, qu'il devient étique, ce qu'on appelle mal subtil.

GORGE'E, *donner bonne gorgée à l'Oiseau*, c'est-à-dire, bonne portion du Gibier qu'il a pris, surtout quand il commence à voler.

GORGER, *l'Oiseau est gorgé*, c'est-à-dire, il est repu.

GOULET, s'entend de l'ouverture d'un filet par où le Poisson entre, & ne peut sortir : ce *goulet* est au filet la même chose que les entrées qui sont autour d'une cage de fer pour prendre des rats.

GOUSSAUT, c'est un terme de Fauconnerie qui signifie un Oiseau trop lourd & peu estimé pour la volerie.

GOUTIERES, ce sont les rayes creuses qui sont le long des perches, ou du marrain de la tête du Cerf, du Dain ou du Chevreüil.

GRAS, on dit *voler haut & gras*. Voyez Voler.

GRENAILLE de fer.

Extrait de l'Arrest du Conseil Privé du Roy, du 4. Septembre 1731.

Défenses à toutes personnes de se servir de *grenailles* de fer, ou fonte de fer qui puisse tenir lieu de plomb à tirer, à peine de 100. liv. independemment de l'amende encouruë pour le fait de Chasse. Ordonne que ceux des Maîtres de Forge qui auront vendu, debité ou donné, fait vendre, debiter ou donner de cette *grenaille*, ou fonte de fer, par les Ouvriers par eux employés, seront condamnés en 300. liv. d'amende, comme garans & responsables des faits de leurs Ouvriers, &c.

GRESLE, *ton grêle*, c'est le ton haut & le plus clair du cor de Chasse : on dit aussi *qu'un Cerf a le merrain grêle*.

GREZ, ce sont les grosses dents d'en haut d'un Sanglier qui touchent & frayent contre les défenses, & qui semblent les aiguiser : c'est d'où ce nom est venu.

GRIFFADE, c'est une blessure d'une Bête onglée.

GRIFFER, c'eſt prendre de la griffe, comme les Oiſeaux de proye.

GROS TON, c'eſt le ton bas du cor.

GRUYER, ſe dit d'un Oiſeau dreſſé pour chaſſer aux Gruës.

GUESDE, ſignifie un bâton qui guide un filet tendu pour prendre les Oiſeaux avec un rets saillant.

GUIDE, c'eſt la même choſe que guede.

GUINDER, ſe dit des Oiſeaux qui ſe levent & ſe guindent au-deſſus des nuës.

H

HACHE'ES, *les Pluviers cherchent les hachées*, c'eſt-à-dire, des vers qui ſont à bas, cachés ſous les feüilles, & dont ils ſont leurs nourritures.

HAGARD, *un Faucon hagard*,

est celui qui n'a pas été pris au nid, qui est difficile à apprivoiser. Ce mot vient d'*Agreste*, qui veut dire sauvage.

HAIL, *voler de bon hail.* Voyez VOLER.

HALLALI, cri qui marque que le Cerf est sur ses fins.

HALLIER, sorte de filet qu'on tend en maniere de haye dans un champ.

HALLIER, se dit aussi d'un buisson, d'un arbrisseau. *Ce Lievre s'est sauvé parmi les halliers.*

HALOTS, ce sont certains trous dans les garennes où le Gibier se retire.

HAMEÇON, petit fer crochu qu'on attache à des filets ou à des lignes pour prendre du poisson avec de l'apât qu'on y met : il y a aussi des *hameçons* propres à prendre des Loups.

HAMPE, poitrine du Cerf.

HAR, il bat l'eau, *il bat l'eau.*

terme d'ufage , lorfque le Cerf eſt dans l'eau.

HARBOU , Chiens , c'eſt un terme dont le Piqueur ſe doit ſervir pour faire chaffer les Chiens cou-rans pour le Loup.

HARDE, *les Bêtes fauves ſont en harde*, lorſqu'elles ſont en com-pagnie. Ce mot ſignifie auffi le lien qui attache les Chiens ſix à ſix.

HARDER les Chiens dans l'or-dre, c'eſt mettre chacun dans ſa force pour aller de meute ou aux relais.

HARDER, c'eſt encore tenir cinq ou ſix Chiens courans couplés avec une longue leſſe de crin qui ſervent pour donner à un relais. *On harde les nouveaux Chiens avec les vieux pour les dreſſer.*

HARDOIS, ce ſont des petits brins de bois où le Cerf touche de ſa tête , lorſqu'il veut ôter cette peau veluë qui la couvre , on les trouve écorchés.

HAROU aly , c'eſt le terme dont le Valet de Limier doit uſer parlant à ſon Limier, lorſqu'il laiſſe courre une Bête.

HARY, c'eſt le terme dont uſe le Piqueur pour donner de la crainte aux Chiens , lorſque la Bête qu'ils chaſſent s'eſt accompagnée , afin de les obliger d'en garder le chan-ge.

HASTER ſon erre , c'eſt quand le Cerf fuit fort vîte.

HAUSSEPIED, c'eſt le nom qu'on donne au premier des Oiſeaux qui attaque le Heron dans ſon vol.

HAUT : on dit, *voler haut & gras.* Voyez Voler.

On dit auſſi *prendre le haut du vent.* Voyez Voler.

HAUT à haut, *à moitié à haut,* c'eſt le terme pour appeller les Chiens, & les faire venir à ſoi, ou bien pour appeller ſon camarade, & lui faire revoir de ſon Cerf pen-dant un défaut.

HAYE, c'est le terme dont on doit user pour arrêter les Chiens qui chassent le change, & les ôter de dessus la voye, & pour les arrêter seulement, lorsqu'ils chassent le droit pour attendre les autres, il faut dire derriere.

HERBEILLER, se dit d'un Sanglier qui va paître l'herbe.

HERBES.

Extrait de l'Ordonnance du Roy, du 9. Aoust 1666.

Défendons ausdits Paysans & leurs femmes de n'enlever les *herbages* pendant le tems que les Perdrix couvrent leurs œufs, & qu'après ladite Fête Saint Jean.

Extrait de l'Article XVIII. de la Déclaration du Roy, du 11. Juin 1709.

Il y a des lieux où nos Officiers des Chasses, & ceux des Seigneurs hauts-Justiciers, prétendent empécher les Proprietaires, Fermiers ou Laboureurs, de faire couper ou arracher les chardons & autres mauvaises *herbes* qui font nuifibles aux grains & autres fruits de la terre.

Nous permettons à tous Fermiers, Laboureurs, ou Proprietaires, feulement de les faire couper ou arracher, fans préjudice à nos Officiers des Chaffes, ou aux Seigneurs hauts-Jufticiers, de veiller par leurs Gardes ou autres perfonnes par eux prépofées, à ce qu'il ne foit fait fous ce prétexte aucun vol d'œufs de Perdrix, ou autre délit, & de punir ou faire punir ceux qui fe trouveront en contravention fuivant la rigueur de nos Ordonnances. *Voyez Aires.*

Les défenfes portées par les Réglemens qui défendent aux Payfans d'enlever les *herbages* avant la Saint Jean, demeurant dans leur force & vertu à l'égard de toutes perfonnes autres que les Proprietaires, Fermiers ou Laboureurs, & ceux qu'ils employeront pour faire couper & arracher lefdites *herbes.*

HERBIER, c'eft le tuyau ou canal de la refpiration qui eft dans le cou de l'Oifeau.

Ho, lolo, lolo, loooo, c'eft le terme dont ufe un Valet de Limier le matin quand il eſt allé au bois pour exciter ſon Chien à aller devant, & ſe rabattre des Bêtes qui paſſeront : il le peut exciter de la langue.

HOCHEPIED, c'eſt un Oiſeau qu'on jette ſeul après le Heron pour le faire monter.

HORVA A MOI THEAU , terme d'uſage, lorſque les Piqueurs veulent faire venir à eux les Chiens pour les faire entrer en quelque taillis, au fort.

Hou , HOU, HOU APRE'S L'AMI, ce ſont les termes dont le Valet de Limier doit uſer parlant à ſon Limier , quand il laiſſe courre un Loup & un Sanglier.

HOUPER un mot long ou deux, c'eſt quand un Veneur appelle ſon compagnon , lorſqu'il courre un Cerf, ou une autre Bête courable, qui ſort de ſa quête , & entre en celle de ſon compagnon.

HOURVARIS, c'eſt un retour

HOUZURES , ou crottures, c'eſt quand un Sanglier vient de ſortir du ſoüille , qu'il entre dans le bois où il met de ſa crotte ſur les branches en s'y frottant , ce qui ſert à en connoître la hauteur.

HUAU, n'eſt autre choſe que les deux aîles d'une Buze ou d'un Milan que l'on attache avec trois ou quatre grelots ou ſonettes de Fauconnerie au petit bout d'une verge.

J

JAMBE de Bête, c'eſt depuis le talon juſqu'aux os pour Bêtes fauves , & aux Gardes pour Bêtes noires qui en font auſſi la largeur.

JARDIN, *il faut donner le jardin* aux Laniers & aux Sacres, ſur la pierre froide. *Voyez* Jardiner.

JARDINER, ſe dit par rapport aux Oiſeaux qu'on expoſe le matin au Soleil dans un jardin, *il faut*

(dit-on) *jardiner les Autours sur
la barre ou sur le bloc.*

JARRET DROIT, c'est signe
de vîtesse aux Chiens.

JET, c'est une petite entrave
qu'on met au pied d'un Oiseau,
on l'attache d'envoi & de retenuë.

JETTER, on dit *jetter un Oiseau du poing*, quand on le donne
du poing après la proye qui fuit.

JETTER sa tête, c'est mettre
bas.

JEU, on dit *faire jeu aux Autours*, c'est-à-dire, leur laisser plumer la Perdrix.

JEUNES Cerfs, ceux qui sont
à leur deuxiéme, troisiéme & quatriéme tête, se nomment ainsi; ils
peuvent pousser jusqu'à huit, dix
& douze andoüillers suivant les
pays.

IL BAT L'EAU, c'est un terme
dont on use quand la Bête qu'on
chasse entre & donne à l'eau.

ILVALA CHIENS, terme dont on

parle aux Chiens, lorſqu'ils chaſſent à la diſcretion & à la prudence
du Piqueur.

IL PERCE, c'eſt-à-dire, le Cerf
va en avant.

IMMONDICES, ce ſont les
excremens des Chiens.

INDUIRE, *cet Oiſeau a induit
ſa gorge*, c'eſt-à-dire, qu'il a digeré
la viande qu'il a priſe.

INFIRMES.

*Extrait de la Declaration du Roy,
du 3. Mars 1604.*

Ceux de notredite Nobleſſe qui ſeront ſexagenaires ou incommodés d'âge
par la vieilleſſe, ou par les bleſſures, ou
autres incommodités en leurs perſonnes. Ceux-là, en ces cas, & non autres
pourront faire tirer au Gibier non défendu, par l'un de leurs domeſtiques
duquel ils repondront & en leur pré-
ſence ſeulement, & non autrement; à
la charge encore qu'aucun, en vertu de
la préſente permiſſion, ne pourra approcher avec ladite arquebuſe d'une
lieuë près de nos Forêts & Buiſſons ſur
les peines portées par les défenſes ſuſ-
dites.

INSTRUCTION & JUGEMENT.

Suite de l'Article XXXI. de l'Ordon-
nance du Roy, du mois d'Aouſt 1669.

Mais quant à l'*inſtruction & Juge-*
ment, ils appartiendront au Lieutenant
de Robe longue à la pourſuite & diligence de nos Procureurs, ſans néanmoins qu'ils puiſſent exclure les Capitaines & Lieutenans des Chaſſes, d'aſſiſter à l'une & à l'autre, ſi bon leur
ſemble, & d'y avoir leurs ſéances &
voix déliberative ; ſçavoir, le Capitaine
avant le Maître, & le Lieutenant du
Capitaine avant celui de la Maîtriſe ès
cas ci-deſſus ſeulement.

Article XXXII. de l'Ordonnance,
du mois d'Aouſt 1669.

Exceptons toutefois les Capitaines
des Chaſſes de nos Maiſons Royales,
de Saint Germain en Laye, Fontainebleau, Chambort, Bois de Boulogne,
Varenne du Louvre & Livry, que nous
maintenons, & en tant que beſoin ſe-
roit, confirmons dans leurs titres & poſ-
ſeſſions, d'*inſtruire* & juger à la diligence de nos Procureurs en ces Capitaineries, tous Procès Civils & Criminels,
pour fait de Chaſſe, en appellant avec
eux les Lieutenans de Robbe longue

& autres Juges & Avocats pour Conſeil.

Article XXXIII. de l'Ordonnance, du mois d'Aouſt 1669.

Exceptons auſſi les Capitaines des Chaſſes de nos Maiſons Royales de Vincennes & Compiegne, & ceux dont les états ont été par nous envoyés à la Cour des Aydes depuis la revocation, auſquels nous attribuons pareille Juriſdiction qu'à ceux de Saint Germain en Laye, Fontainebleau, Chambort & Varenne du Louvre.

Article XXXVI. même Ordonnance.

Les *Jugemens* rendus par les Capitaines des Chaſſes de nos Maiſons Royales, qui contiendront peine afflictive, ſeront ſignés ſur la minute qui demeurera au Greffe de la Capitainerie, du Lieutenant de Robe longue & des autres qui auront été appellés pour conſeil, & mention faite dans les expeditions qui en ſeront délivrées de leurs noms & qualités, à peine de nullité.

Article XXXVII. même Ordonnance.

Les condamnatious qui n'excederont point la ſomme de ſoixante livres pour toutes

...utes restitutions & reparations , sans
autre peine ni amende, seront executées
par provision & sans préjudice de l'appel.

INTRODUIRE, *On a introduit
ce Faucon au vol*, c'est-à-dire , on
commencé à le faire voler.

L

LACET, ce sont plusieurs brins
de crin de cheval cordelés ensemble , il s'en fait de fil de soye
ou de fil de fer.

LADRE, *Liévre ladre*, est celui qui habite aux lieux marefca-
geux.

LAISE'ES, ce sont les fientes
de Loup & des Bêtes noires.

LAISSER COURRE , c'est faire
courre la Bête aux Chiens courans.
Le lieu où se doit lancer le Cerf se
nomme ainsi.

LAMBEAUS, c'est la peau veluë du Bois de Cerf, qu'il dépoüille , & qu'on trouve au pied du
Ereoüer.　　　　　　　K

LANCER le Cerf, s'eſt le faire
partir de la repoſée, comme les
autres Bêtes fauves.

On découple à préſent les Chiens
de meute pour *lancer* le Cerf, autrefois on ne lançoit qu'avec des
Limiers.

LANCER un Loup, c'eſt le
faire partir du liteau.

LANCER un Liévre, c'eſt le
faire ſortir du gîte.

LANCER une Bête noire, c'eſt
la faire partir de la Bauge.

LANIER, eſt une des dix eſpeces de Faucon.

Il eſt aſſez commun en tout pays,
plus petit que le Faucon gentil,
court empieté, la tête groſſe, &
vole communément ſur terre &
ſur riviere.

LAPINS.

*Article II. de l'Ordonnance du Roy,
du mois d'Aouſt 1669.*

Les Officiers de nos Chaſſes ſeront
tenus dans ſix mois après la publication

des Préfentes, de faire fouiller & ren-
verfer tous les terriers des *Lapins* qui
fe trouveront dans nos Forêts, à peine
de 500 livres d'amende, & de fufpen-
fion de leur charge pour un an, & au
cas qu'ils y manquaffent dans le tems,
enjoignons aux Maîtres Particuliers,
leurs Lieutenans nos Procureurs, & aux
Officiers de nos Maifons Royales, de le
faire inceffamment, & prendre les *La-*
pins avec furets & poches fous les mêmes peines.

LARGE, *l'Oifeau eft large*, c'eft-
à-dire, qu'il écarte les aîles, ce
qui marque dans lui une parfaite
fanté.

LARME de plomb, efpece de
petit plomb dont on fe fert pour
tirer aux Oifeaux.

LARMIERS, ce font deux
fentes qui font au-deffous des yeux
d'un Cerf; il en fort une liqueur
jaune qu'on nomme larmes du
Cerf.

LARRONS.

Article VIII. de l'Ordonnance du Roy,
du mois de Juillet 1607.

Suivant l'Edit de notre très-honoré Seigneur & grand Oncle le Roy François, feront les *Larrons* de Garennes & Etangs très-rigoureusement châtiés & punis des peines ordonnées contre les autres *Larrons.* Voyez Peines contre les Larrons.

LASCHER, se dit de l'Autour quand il part de la main, ce qui se fait en l'ouvrant.

LAYE, c'est la femelle d'un Sanglier.

LAYLA, LAYLA CHIENS, terme dont le Piqueur doit user pour tenir ses Chiens en crainte, lorsqu'il s'aperçoit que la Bête qu'ils chassent est accompagnée pour les obliger à en garder le change.

LESSE, c'est une corde de trois brasses ou environ, dont on tient les Levriers jusqu'à ce qu'ils ayent découvert le Gibier.

LESSES, ce sont les excremens des Bêtes mordantes, comme Sangliers, Ours & leurs semblables.

LEVE cul: on dit, *Vol à leve cul.* Voyez Vol.

LEURRE, c'est un morceau rouge garni de bec, d'ongles & d'aîles, & qu'on pend à une lesse, à un crochet de corne, dont les Fauconniers se servent pour reclamer les Oiseaux de proye: on y attache de quoi les paître ce qu'il faut qu'ils tirent du bec, on le nomme quelquefois Rappel.

On dit aussi *acharner le leurre,* ce qui signifie mettre un morceau de chair dessus.

On dit encore *duire un Oiseau au leurre,* y rappeller l'Oiseau qui n'y revient point sans y être convié par le leurre.

On dit *leurrer bec au Vent, ou contre Vent,* à l'égard de l'Autour & de l'Epervier.

LICES, Chiennes courantes.

LIER, se dit lorsque le Faucon, enleve en l'air sa proye dans ses ser-

res , ou lorſque l'ayant aſſommée ,
il la lie de ſes ſerres, & la tient à
terre.

A l'égard de l'Autour, on dit
empieter.

On dit auſſi quand deux Oiſeaux
de proye ſe font compagnie pour
pourſuivre le Heron ou autre Gibier qu'ils le lient, parce qu'ils le
ſerrent de ſi près qu'ils ſemblent
preſque le *lier* & le tenir dans leurs
ſerres.

LIMIER , c'eſt le Chien qui
détourne le Cerf & autres grandes
Bêtes.

LITEAU, c'eſt le lieu où ſe
couche & ſe repoſe le Loup pendant le jour.

LIVRE'E.

Extrait de l'Ordonnance du Roy,
du 18. Septembre 1627.

Et aux Officiers de ladite Venerie de
chaſſer ni aſſiſter les Chaſſeurs, ni prêter leurs caſaques de *livrée* de Sadite

Majesté, & ausquels Officiers de sadite Venerie & Fauconnerie elle défend de porter ses couleurs, étant hors de quartier, pour l'abus qui s'y commet journellement, le tout à peine de cinq cens livres d'amende contre les contrevenans.

Enjoint au sieur de Lalau Bailly & Capitaine de sadite Varenne du Louvre, ses Lieutenans & Officiers d'informer contre les contrevenans à la présente Ordonnance & défense, & d'en faire la punition & châtiment, interdisant tous autres Juges d'en connoître, & à ce que lesdits Officiers de ladite Venerie & Fauconnerie n'en prétendent cause d'ignorance; la présente sera signifiée à la Requête de son Procureur en ladite Varenne, aux Chefs & Lieutenans desdites Venerie & Fauconnerie.

Fait en outre Sadite Majesté défense à tous ses Officiers portans ses *livrées* & couleurs, d'en vendre, soit habits ou casaques, à qui que ce soit ; ains les user à son service, sur peine d'en être privés & chassés, & à toutes personnes même aux Frippiers d'en acheter, à peine de 50. livres d'amende.

LIVRER le Cerf aux Chiens, c'est mettre les Chiens après.

L O N G : on dit, *voler en long*, Voyez V O L E R.

L O N G E cul, c'eſt une ficelle qu'on attache au pied de l'Oiſeau, quand il n'eſt pas aſſuré.

On dit auſſi *tirer à la longe*, c'eſt-à-dire, voler pour venir à celui qui le gouverne.

L O N G E R un chemin, c'eſt quand une Bête va d'aſſurance, ou qu'elle fuit ; & quand elle retourne ſur ſes voyes, cela s'appelle *ruze & retour*.

L O U P S. *Voyez* Renards.

M

M A H U T E S, c'eſt le haut des aîles des Oiſeaux, à la partie près du corps.

M A I G R E : on dit, *voler bas & maigre*. Voyez V O L E R.

M A I L L E, c'eſt l'ouverture qui demeure entre les ouvrages de fil, comme entre les filets qu'on fait

pour

pour prendre les Oiseaux. Il y a
des *mailles* à lozanges qui sont celles dont la pointe est en haut, lorsque le filet est tendu. Les *mailles*
quarrées sont celles qui paroissent
rangées en damier, lorsque le filet
est tendu ; il y a encore les *mailles*
doubles.

MAILLER : on dit, *les Per-*
dreaux ne sont bons que quand ils
sont maillés. Ce Perdreau commen-
çoit à se mailler, c'est-à-dire, à se
couvrir de mouchetures ou de ma-
drieres.

MAILLER, se dit aussi d'un
filet auquel on fait des mailles.

MAIN, on dit du Faucon qu'il
a la *main* habile, fine, bonne, forte, déliée & bien onglée.

MAINTENIR & garder le
change, c'est quand les Chiens
chassent toujours la Bête qui leur a
été donnée, & la maintiennent
dans le change.

MAÎTRE *Valet de Chiens,*

c'eſt celui qui donne l'ordre aux autres Valets.

MALMOULU, on dit des fumées des jeunes Cerfs, qu'elles ſont *mal-moulües*, ou mal-digerées.

MALSEME', c'eſt quand le nombre des andoüillers eſt non pair aux têtes des Cerfs, Dains & Chevreüils.

MAL SUBTIL, eſpece de Phtiſie ou de Catarre qui tombe dans la mulette des Oiſeaux, & qui empêchant la digeſtion, les fait mourir de langueur.

MANGEURES, ce ſont les pâtures des Loups & des Sangliers.

MANTEAU, c'eſt la couleur pes plumes des Oiſeaux de proye. On dit, *ce Faucon a le manteau tout bigarré.*

MANTELEURES, c'eſt quand un Chien a ſur le dos un poil different de celui qu'il a au reſte du corps.

MARCASSINS, ce ſont les petits de la Laye.

MARCHE du Loup , c'eſt ce qu'on appelle en vrais termes, *Piſte*, ou *Voye*.

Faux MARCHE', la Biche y eſt ſujette dans le cours de douze à quinze pas.

MARCHETTE, ſe dit d'un petit bâton qui tient une machine en état, & ſur quoi l'Oiſeau venant à marcher, ſe prend en faiſant lâcher cette Marchette.

MARGAUDER , c'eſt le cri que font de la gorge les cailles lorſqu'elles veulent chanter, d'autres diſent *margotter*.

MARTELER , ſe dit des Oiſeaux de proye, quand ils font leurs nids.

MARTELE'ES, ce ſont des fientes enfumées de Bêtes fauves, qui n'ont point d'aiguillon au bout, qui ſemblent battues à coups de marteau.

MASSACRE, c'eſt la tête du Cerf, du Dain & du Chevreüil,

ou la face de la tête où tient le bois.

MENE'E belle , c'eſt-à-dire , qu'un Chien a la voie belle , & chaſſe de bonne grace.

MENE'E, c'eſt encore la droite route du Cerf fuyant , & on dit *ſuivre la menée , être toujours à la menée*. On dit auſſi *une Bête mal-menée* , quand elle eſt laſſe pour avoir été long-tems pourſuivie & chaſſée , & qu'elle ſe laiſſe approcher.

MENER les Chiens courans à l'ébat , c'eſt les promener , ce qui ſe fait deux fois par jour.

MENUS droits , ce ſont les oreilles d'un Cerf , les bouts de ſa tête quand elle eſt molle , les mufles , les dintiers , le franc boyau , & les nœuds qui ſe levent ſeule-ment au Printems & dans l'Eté, C'eſt le droit du Roy.

MERRAIN , matiere du bois & de la perche.

METTRE bas ou quitter ſon

bois, c'est ce que le Cerf fait au Printems.

MEULES, c'est le bas de la tête d'un Cerf, d'un Dain & d'un Chevreüil, & qui est plus proche du massacre; c'est la fraise & les pierrures qui la forment.

MEUTE, est un Oiseau attaché à quelque bâton ou corde, & dont on se sert pour faire approcher les autres des filets.

MEUTE, assemblage de tous les Chiens courans, ce sont les premiers Chiens qu'on lâche contre le Cerf lancé.

Vielle meute, premier relais donné après la *meute*, le second relais se nomme à présent *seconde vieille meute*.

MONTAGNE', c'est ainsi qu'on nomme une des dix especes de Faucon.

MONTE'E, s'entend du vol de l'Oiseau qui se leve à angles droits par carriere & par degré lorsqu'il pourfuit quelque proye.

On appelle *montée deſſor* , lorſqu'allant chercher le frais dans la
moyenne region de l'air, l'Oiſeau
s'éleve tellement qu'on le perd de
vûë.

On dit *montée par fuite* , & c'eſt
le mouvement que ſe donne un Oiſeau , lorſque craignant un plus
fort que lui , il s'échappe à grandes
gambades.

MONTER ſur l'aîle. *Voyez* voler.

MONTER un filet, c'eſt mettre toutes les cordes neceſſaires
pour le rendre prêt à ſervir.

MOQUETTES. *Voyez* meutes:
on a dit ce dernier mot , à cauſe
qu'on ſe moque des Oiſeaux qui
volent, en l'air en leur en expoſant
d'autres qui ſont attachés , afin de
les attirer au piége.

MOTTE, *un Oiſeau prend mot-
te* , quand au lieu de ſe percher ſur
un arbre il ſe poſe à terre.

Mots, *sonner un ou deux mots,* c'est sonner un ou deux tons longs du cor, qui est le signal du Piqueur pour appeller ses compagnons.

Mouchete', il y a des Cerfs qui le font.

Moue'e, c'est un melange fait du sang de la Bête que vous avez prise à force avec du lait ou potage, selon les saisons : on y doit mettre force pain coupé par petits morceaux, que l'on donne aux Chiens courans en leur faisant curée.

Moule propre à mailler des filets, il est fait de bois.

Mue, c'est un côté de la tête du Cerf, du Dain ou du Chevreüil, qu'il met bas lorsqu'il muë en Février & en Mars, ce qu'ils font tous les ans, mais le Chevreüil ne muë pas reglément en cette saison.

Mufle, c'est le bout du nez des Bêtes sauvages.

Mulette, est le gizier des Oiseaux de proye, & où tombe la

mangeaille du jabot pour se digerer; quand cette partie d'un Oiseau,
de proye est émbarassée des curées,
qui y sont retenuës par une hu-
meur visqueuse & gluante : on dit
qu'il a la mulette empelotée ; alors
il se forme quelquefois une peau
qu'on appelle doublure ou double
mulette qu'on purge par le moyen
des pillules qu'on lui fait avaller.

Muse du Cerf, c'est le commencement du rut.

Muloter, c'est lorsque le
Sanglier va chercher les caches des
Mulots.

Mutins.

Article XXXIV. de l'Ordonnance du
mois d'Aoust 1669.

Si quelques Particuliers Riverains de
nos Forêts, ou autres de quelque qualité qu'ils soient, troubloient les Officiers
de nos Chasses dans leurs fonctions, ou
leur faisoient quelque violence pour se
maintenir dans le droit de Chasse qu'ils
y pourroient avoir usurpé, Voulons
qu'ils soient condamnés pour la premiere

fois à la somme de 3000. livres d'amende, & en cas de récidive, privés de tous
droits de Chaffe fur les Terres riverai-
nes, fauf neanmoins, une peine plus fé-
vere fi la violence étoit qualifiée.

Muzer, c'eft lorfque les Cerfs
commencent à fentir leurs chaleurs,
venir pour entrer en rhut, qu'ils
vont pour quelques jours la tête
baffe, le long des chemins & des
campagnes, alors on dit *les Cerfs
commencent à muzer*. Cela dure
cinq ou fix jours.

N

Nager entre les nuées. *Voyez*
Voler.

N'aller *plus de temps*, c'eft
quand il y a un jour ou deux, ou
plus qu'une Bête eft paffée.

Nappe, c'eft la peau des Bêtes fauves.

Nappe, fe dit auffi de la partie la plus déliée d'un filet.

Dans un travail la *Nappe* est la toile du milieu qui a de petites mailles de fil délié qui entre dans les grandes mailles, & qui sert à y engager le Gibier qui donne dedans.

N A S S E , filet propre à prendre du Poisson & des Oiseaux dans une grange. La figure en est ronde par l'ouverture, & se termine en pointe ; ce filet est soutenu par plusieurs cerceaux qui vont toujours en diminuant.

N E Z fin, c'est quand un Chien a le sentiment bon.

N E R F de Cerf, c'est son membre.

N I A I S , se dit d'un Oiseau qu'on prend dans le nid, & qui n'en est point encore sorti.

N O E U D S , ce sont des morceaux de chair qui se levent aux quatre flancs du Cerf.

N O M B R E S & petits filets, se levent ensemble ; c'est ce qui se prend au dedans des cuisses & des reins du Cerf.

Nouë'es, ce sont les fumées du Cerf depuis la mi-Juillet jusques à la fin d'Aoust, ils les jettent toutes formées, grosses, longues & *noüées* ointes.

Il y a de la difference entre les fumées du relevé du soir & celles du matin, les premieres sont mieux digerées que celles du matin à cause du repos & du tems qu'il a eu de faire son ronge & digerer son viandis, au contraire celles du matin à cause de l'exercice qu'ils font la nuit en viandant.

Nouer la longe, c'est quand on met l'Oiseau en muë, & qu'on lui fait quitter sa volerie pendant quelque tems.

- On dit aussi *noüer entre deux airs*. Voyez voler.

O

OFFICIERS. *Voyez* Peines contre les Officiers. *p.* 145.

Extrait de l'Ordonnance du Roy, du 24 Janvier 1695.

A permis & permet aux Capitaines des Chasses desdites Capitaineries Royales, de déposseder leurs Lieutenans, Sous-Lieutenans & autres Officiers & Gardes desdites Capitaineries, lorsqu'ils le jugeront à propos, en les remboursant, ou faisant rembourser de sommes qu'ils justifieront avoir payées. Et où il ne se trouveroit alors des sujets capables de servir, en état de rembourser lesdits Officiers & Gardes, permet Sa Majesté ausdits Capitaines, de les interdire pour raison de contraventions qu'ils pourroient avoir faites aux Ordonnances, & à leurs ordres, & de commettre à leur place, pendant tel temps qu'ils jugeront à propos, & qui ne pourra neanmoins exceder celui de trois mois, sans que lesdits Officiers & Gardes, ainsi interdits, puissent faire aucune fonction de leurs Charges durant leur interdiction ; voulant seulement Sa Majesté, qu'ils soient payés de leurs Gages jufqu'à l'actuel remboursement du prix de leur Charge, Et sera la presente Ordonnance lûe & publiée ès Greffes d'icelles, à la diligence des Procureurs de Sa Majesté.

OISEAUX, on appelle Oiseau branchier celui qui n'a encore la force que de voler de branche en branche.

OISEAU dépiteux, celui qui ne veut pas revenir quand il a perdu sa proye.

OISEAU âpre à la proye, celui qui est bien armé de bec & d'ongles.

OISEAU trop en corps, celui qui est trop gras, cela l'empêche de bien voler.

OISEAU de bon guet, celui qui sçait bien vieiller sa proye, & prendre son tems pour voler quand elle part.

OISEAUX de bonne compagnie, ceux qui ne sont point sujets à dérober leurs sonettes.

Oiseau d'échappe, celui qui nous est venu d'ailleurs que de ceux que nous élevons.

Oiseaux de leurre qui ont les maheutes hautes, les reins larges, bien croisés, bas assis, courts-jointés, & qui ont les mains longues.

Oiseaux de voliere, qu'on garde en cage pour leur chant, leur ramage, leur gazouillement, tels que sont ceux qu'on prend au trebuchet.

Oiseler, c'est dresser un Oiseau.

Oiselerie, métier de prendre, d'élever, nourrir & vendre des Oiseaux.

Oiseleur, celui qui prend des Oiseaux, surtout des Oiseaux de chasse au passage.

Oiselier, celui qui fait commerce d'Oiseaux de voliere, qui les éleve en cage.

Ongle, maladie des Oiseaux

de proye ; c'eſt une taye qui leur croît dans l'œil, cela leur eſt cauſé par quelque rhume, ou de ce que le Chaperon les ſerre trop.

ORDRE : ce mot ſignifie l'eſpece & les qualités des Chiens. On dit *un bel ordre de Chiens.*

Os de Cerf, Dain & Chevreüil, ce ſont les ergots des Bêtes privées, & ce qui forme la jambe aux Bêtes fauves. D'abord que le Cerf fuit, il donne des *os* en terre.

OUBIER, eſt une des dix eſpeces de Faucon.

OURVARY A MOITIE' HAUT, ce terme eſt pour obliger les Chiens à retourner & trouver les bouts de la ruſe d'une Bête, lorſqu'elle a fait un retour.

OURVARY, cri pour obliger les Chiens à retourner, lorſque le Cerf fait un retour.

OUVERTES, *têtes ouvertes,* ſont têtes de Cerf, Dain & Chevreüil, dont les perches ſont fort écartées, qui est une des belles qualités que puisse avoir une tête.

P

P Aître l'Oiseau, la maniere de le faire, c'est de le laisser manger par poses, & lui cacher quelquefois la chair de peur qu'il se débatte : on lui fait plumer de petits Oiseaux, comme il faisoit aux bois; la bonne chair est un peu de la cuisse ou du col d'une vieille Geline, les entrailles aussi lui dilatent le boyau.

PALETTE, est un morceau de bois plat en forme de palette à joüer au volant.

PANS de rets, ce sont des filets avec quoi on prend les grandes Bêtes.

PANTIERRE, est un tissu de gros fil fait en quarré, on s'en sert pour tendre des piéges aux Bé-casses.

On

On appelle aussi *Panetierre* certain sac à mailles qui sert aux Chasseurs à mettre leur provision de bouche, & pour rapporter le Gibier qu'ils ont pris : on la porte ordinairement en écharpe.

PANTEINE, même chose que pantiere.

PANTOIMENT, nom d'une maladie qui vient à un Oiseau de proye, qu'on appelle asthme : elle lui rend le poumon enflé.

PANTOIS, maladie de trois sortes, l'une qui survient à la gorge des Oiseaux de proye, l'autre qui leur vient de froideur, & l'autre qui se congrege aux reins & aux roignons. Ainsi on dit, *ce Faucon a le pantois ou pantoise.*

PARC, c'est où l'on fait la courre pour faire venir les Bêtes noires, quand on les a mises & enfermées dans des toiles.

PARCHASSER, c'est chasser une Bête avec les Chiens courans,

M

lorfqu'il y a deux ou trois heures qu'elle eft paffée, c'eft ce que l'on appelle auffi rapprocher.

PAREMENT du Cerf, chair rouge qui vient pardeffus la venaifon du Cerf des deux côtés du corps.

PAREMENT, fignifie une diverfité de couleurs qui parent les aîles d'un Oifeau de proye : il fe dit encore de la maille qui lui couvre le devant du cou.

PASSAGE, on dit *Faucon de paffage*, & c'eft une des dix efpeces.

PASSE LE CERF, PASSE, PASSE PASSE, PASSE, terme dont les Piqueurs fe fervent lorfqu'ils voyent le Cerf, après avoir rappellé les Chiens.

PASSE'E, lieu où le Cerf a paffé.

PASTER, c'eft une Liévre qui emporte la terre avec fes pieds dans les lieux humides.

PATTE, c'est le pied du Loup qui consiste au talon, doigts, ongles & la fossete qui est dans le milieu qui en forme la connoissance sur la terre.

PAUMILLE, est une machine composée de plusieurs pieces sur laquelle on met un Oiseau en vie pour meutir.

Grands PAYS, grands bois.

PEINES.

Extrait de l'Ordonnance du Roy, du mois de Juin 1601.

ARTICLE XI. Et afin que le present soit inviolablement observé & gardé pour l'avenir, Nous voulons & ordonnons que les infracteurs & contrevenans aux défenses portées par icelui, soient punis ainsi qu'il s'ensuit.

PEINE de la Chasse du Cerf.

Pour la premiere fois.

ARTICLE XII. A sçavoir, ceux qui auront chassé aux Cerfs, Biches & Fans, 250. livres ; aux Sangliers & Chevreüils, 125. livres, s'ils ont de quoi ; sinon, & en défaut de ce, seront

battus de verges fous la Cuftode, jufqu'à effufion de fang.

Pour la feconde fois.

ARTICLE XIII. S'ils y retour-
nent pour la feconde fois, & après ladite
punition, feront battus de verges autour
des Forêts, Bois, Buiffons, Garennes &
autres lieux où ils auront délinqué, &
bannis de quinze lieuës à l'entour.

Pour la troifiéme fois.

ARTICLE XIV. Après lefdites
punitions, s'ils y retournent pour la
tierce fois, feront envoyés aux Galeres,
ou battus de verges & bannis pepetuel-
fement de notre Royaume, & leurs
biens confifqués. Au refte, dérogé par
l'Article I I. du mois d'Aouft 1669.

PEINES contre les Contrevenans.

ARTICLE XV. Ceux qui auront
contrevenu aux défenfes fufdites, &
chaffé par plufieurs & diverfes fois aufdits Cerfs, Biches & Faons, fans avoir
été punis, feront condamnés en 500 liv.
s'ils ont de quoi payer; & en défaut de
ce, feront battus de verges aux environs.

des Forêts, Bois, Buissons, Garennes
& autres lieux où ils auront délinqué,
& bannis à trente lieuës à l'entour ; &
en chacun desdits cas, les Venaisons,
Chiens, Filets, Bâtons & Engins confisqués.

PEINE de la recidive.

ARTICLE XVI. Si, après ladite
punition, ils contreviennent ausdites
défenses, ils feront punis en la forme &
maniere que ceux qui auront contrevenu la tierce fois, ainsi qu'il est ci-dessus
delaré.

PEINES pour le menu Gibier.

ARTICLE XVII. Ceux qui au-
ront chassé aux menuës Bêtes & Gibier,
feront condamnés pour la premiere fois,
en 20. livres d'amende, s'ils ont de quoi
payer ; sinon, & en défaut de ce, demeureront un mois en prison au pain &
à l'eau.

La seconde fois, en 40. livres d'a-
mende ; & en défaut de payer, feront
battus de verges sous la Custode, & mis
au Carcan trois heures, à jour & heure
de Marché.

Et la tierce fois, outre lesdites amendes, battus de verges autour des Gar-

rénnes , Bois, Buiſſons , & autres lieux
où ils auront délinqué , & bannis à quinze lieuës à l'entour.

P E I N E de la recidive.

ARTICLE XVIII. Ceux qui,
après avoir chaſſé par pluſieurs fois auſ-
dites menuës Bêtes & Gibier , & ſans
avoir été punis, ſeront repris & appre-
hendés par Juſtice, ſeront condamnés
en 40. livres d'amende , s'ils ont de quoi,
ſinon , & en défaut de ce , ſeront battus
de verges ſous la Cuſtode , & mis au
Carcan, comme deſſus ; & en chacun
deſdits cas, les Venaiſons & Gibier ,
Chiens , Oiſeaux , Filets , Bâtons & Engins confiſqués. Et , ſi après ladite punition , ils récidivoient, ils ſeroient punis
en la forme & maniere que ceux qui auront contrevenu pour la tierce fois.

P E I N E S afflictives.

Article XXIV. de l'Ordonnance ; de 1601.

N'entendons toutefois , que les peines inflictives du corps ſoient executées,
ſinon ſur les perſonnes viles & abjectes,
non autres. *Voyez* Art. XXXVI. p. 112.

P E I N E S arbitraires.

Article XXIII. même Ordonnance.

Et où en aucuns autres cas de nosdites défenses, la peine n'auroit été exprimée par cetui notre present Edit, Nous voulons que les infracteurs & contrevenans soient condamnés par nos Juges & Officiers, en telles peines & amendes qu'ils verront qu'au cas il appartiendra, selon la qualité du délit.

PEINES contre les Larrons.

Extrait de l'Ordonnance de François I.
du mois de Mars 1515.

ARTICLE IX. Et ceux qui prendront & chasseront aux Buissons, Forêts & Garennes, Liévres, Connins, Perdrix, Faisans & autres Gibiers, en venant contre nosdites Ordonnances pour la premiere fois, payeront 20. livres d'amende, s'ils ont de quoi ; & au défaut de ce, demeureront en prison un mois au pain & à l'eau.

La deuxiéme fois, seront battus de verges sous la Custode, jusqu'à effusion de sang.

Et la tierce fois, battus de verges autour des Forêts, Buissons & Garennes où ils auront delinqué, & bannis à 15. lieuës desdites Forêts, Buissons ou Garennes.

Article X. même Ordonnance.

Ceux qui feroient contrevenus efdites défenfes, & nonobftant icelles auroient prins ou chaffé par plufieurs fois à icelles menuës Bêtes ou Gibier, & n'auroient été punis d'icelles contraventions ; pour icelle feront punis de 40 liv. s'ils ont de quoi, & s'ils n'ont de quoi, demeureront deux mois en prifon au pain & à l'eau, & feront privés des Offices des Forêts, s'ils font Officiers, & les Engins & Bâtons confifqués. Et fi, après ladite punition, ils retournent, feront punis ainfi qu'il eft contenu dans l'Article precedent, depuis les paroles, Et la tierce fois battus, &c.

PEINES de ceux qui ont en leurs maifons Arbalêtes.

Article XI. Ordonnance de Mars 1515.

Ceux qui porteront, ou auront en leurs maifons Arbalêtes, Arcs, Echopettes, Arquebufes, Collets, Filets, Tonelles, ou autres Engins, en venant contre lefdites prohibitions & défenfes, feront punis comme il s'enfuit ; c'eft à fçavoir, les Officiers efdites Forêts, privés de leurs Offices, les Bâtons & Engins confifqués, & eux condamnés en

en cinq livres d'amende : & les autres,
non Officiers, leurſdits Bâtons & Engins confiſqués, & eux condamnés en
cinq livres d'amende. Et pour la ſeconde fois, les deſſuſdits ſeront punis en
30. livres d'amende. Et pour la tierce,
bannis des Forêts à quinze lieuës à l'entour; & à chacun deſdits cas, les Engins & Bâtons confiſqués. Et à la premiere & deuxiéme punition, ceux qui
n'auront de quoi payer les amendes,
demeureront en priſon au pain & à l'eau
à l'arbitrage du Juge. *Voyez* Vente.

P E I N E S de ceux qui enfraindront leur ban. *Voyez* l'Article
XIV. de l'Ordonnance de 1601.
ci-devant, page 140.

P E I N E S contre les Officiers.

Article XXII. de l'Ordonnance de Juin
1601.

Pareillement ceux de noſdits Officiers ſur le fait de noſdites Chaſſes &
Forêts qui auront contrevenu à nos défenſes, ou uſé de négligence ou connivence à l'endroit des infracteurs, ſeront
condamnés, en chacun deſdits cas, aux
peines & amendes cy-deſſus déclarées,
pour la premiere fois, *pages* 139. & 141.

N

& outre, pour la seconde, suspendus
pour un an ; & pour la troisiéme, privés
de leurs Offices.

PEINES des Officiers appellans.

Extrait de l'Article XVII. de l'Ordonnance du mois de Mars 1515.

Et ceux qui seront Officiers, ès cas où il
est dit qu'ils seront privés de leurs Offices, s'ils appellent des Sentences contre
eux sur ce données, demeureront suspendus de l'administration d'iceux, jusqu'à
ce que l'appel sera vuidé ; & si ne seront
reçûs pendant le Procès à renoncer à
iceux Offices ; & si de fait y renonçoient,
la résignation & don qui s'ensuivroit, declarons de nul effet & valeur, & voulons le contenu au present Article, avoir
lieu & sortir effet ; en tous cas èsquels les
Officiers de nos Forêts seroient accusés
d'avoir délinqué en leurs Offices ; & ce,
quand le délit sera tel, qu'icelui vérifié,
devroient être privés d'iceux Offices.

PEINES contre les Clercs.

Article XVIII. de l'Ordonnance de 1515.

Et pour ce que plusieurs Clercs pourroient enfraindre nosdites Ordonnances,

& pour éviter la punition des fufdites, fe voudroient targer de leurs tonfures; Nous, pour obvier à leurs malices, & à ce que nos Ordonnances ne foient fruf-tratoires, avons ordonné & ordonnons, que fi aucuns Clercs, Prêtres, Moines ou Religieux, attentoient contre nof-dites Ordonnances, qu'il leur foit dé-fendu ne demourer à quatre lieuës d'i-celles Forêts, Buiffons ou Garennes: & néanmoins foient rendus à leurs Ju-ges, chargés du cas privilegié, & punis d'icelui, felon l'exigence du cas; & s'ils étoient coûtumiers de ce faire, leur fera défendu de demourer à vingt lieuës près defdites Forêts, & à ce feront contraints par prife du temporel, & par toutes au-tres voyes dûës & raifonnables.

PELAGE, c'eft-à-dire, en gros, la couleur des Bêtes courables & des Chiens; en difant leur princi-pale couleur, on dit *ce Chien eft d'un pelage gris.*

PELAGE du Cerf, il eft blond, fauve, brun ou moucheté.

PELERIN, fe dit d'un Faucon, & c'eft une des dix efpeces.

PENNAGE, s'entend de tout

ce qui couvre le corps de l'Oiſeau de proye, on dit *pennage blond, cendré, moucheté, &c.*

PENNES, ſe dit des longues plumes des aîles, quand les *pennes* croiſent, c'eſt une marque de la bonté de l'Oiſeau, toutes les *pennes* des aîles ont leur nom une, deux, trois, quatre & cinq, les rameaux & le cerceau, les *pennes* du Balay, pareillement le milieu. *Les Oiſeaux ont douze pennes à la queuë.*

PERCER, c'eſt lorſqu'une Bête tire de long, & s'en va ſans s'arrêter, étant chaſſée; c'eſt auſſi quand le Piqueur perce dans le fort. On dit *le Cerf a percé dans le bois, il faut percer dans le fort, ſi on veut détourner le Chevreüil.*

PERCHE, on dit *mettre un Oiſeau ſur la perche.*

PERCHES, ce ſont les deux groſſes tiges du bois ou de la tête du Cerf, du Dain & du Chevreüil, où ſont attachés les andoüillers.

PERCHOIR, c'eſt l'endroit où ſe perchent les Oiſeaux de proye.

PERLURES, ce ſont des grumeaux qui ſont le long des perches & des andoüillers de la tête d'un Cerf, d'un Dain & d'un Chevreüil, mais ils ne vont pas juſqu'au bout des andoüillers.

PERMISSION de Chaſſe s'octroye par le Roy pour un tems, & tant que bon lui ſemblera, & auſſi par Lettres Patentes, leſquelles ſeulement s'adreſſent aux Maîtres & Capitaines des Forêts.

PERMISSIONS perſonnelles.

Article LXII. de l'Ordonnance de Charles VI. du mois de Septembre 1402.

Pour ce que nous avons donné à aucunes perſonnes la Chaſſe d'aucunes de nos Forêts, pour chaſſer à toutes Bêtes, leſquelles perſonnes ont donné & donnent à autres leſdites Chaſſes en icelles; ordonné eſt, que nul n'y pourra chaſſer, ſi ceux à qui elles ſont données n'y ſont, ou leurs gens, ou que ce ſoit pour eux, ou en leurs noms.

PESER beaucoup, c'eſt quand
une Bête enfonce beaucoup de ſes
pieds dans la terre, c'eſt une marque qu'elle a grand corſage.

PIECE, on dit des Oiſeaux
tout d'une piece, c'eſt-à-dire, d'une
même couleur.

PIED du Cerf par où on con-
noît ſon âge.

PIED du Sanglier s'appelle trace
en vrai terme, comme de toutes les
Bêtes noires.

PIERURES, c'eſt ce qui forme
la fraiſe qui eſt autour des meules
de la tête d'un Cerf, Dain & Chevreüil, en forme de petites pierres.

PIEU, c'eſt un bâton pointu
par un de ſes bouts, & dont les Oiſeleurs ſe ſervent pour faire agir
leurs piéges.

PIEUX, ce ſont les bâtons dont
on frappe & on tuë les Bêtes noires, quand elles ſont dans le parc:
le coup mortel eſt ſur le boutoy.

PIEUX fourchus, ce ſont ceux

dont on se sert à tendre & attacher les toiles.

Pigache, c'est la connoissance qui se voit au pied du Sanglier, quand il a une pince à la trace plus longue que l'autre.

Pigeons.

Article XII. de l'Ordonnance du mois de Juillet 1607.

Défendons à toutes personnes, de quelque état & condition qu'ils soient, de tirer de l'Arquebuse sur les Pigeons, à peine de 20. livres Parisis d'amende.

Pillart, c'est un Chien querelleux.

Pinces, ce sont les deux bouts des pieds des Bêtes fauves ; si elles sont usées, c'est signe de vieillesse à la Bête, comme aussi les côtés des pieds.

Pinsonne'e, se dit d'une sorte de Chasse aux Oiseaux, on dit *prendre des Oiseaux à la pinsonnée.*

Pipeau, petit chalumeau, ou

bois fendu qui fert à contrefaire le cri de plufieurs Oifeaux, à les attirer & à les prendre. Le Porreau contrefait le cri du Roffignol.

PIPE'E, Chaffe aux Oifeaux avec des pipeaux, & en contrefaifant leur cri, elle fe fait ordinairement avec des gluaux préparés fur un arbre, tandis que l'Oifeleur caché attire les Oifeaux.

PIPER, fignifie prendre des Oifeaux à la pipée.

PIQUET. *Voyez* Pieu.

PIQUET, c'eft auffi un bâton pointu par un bout, gros & long à proportion de la refiftance qu'il doit faire, felon l'ufage auquel il eft deftiné.

PIQUEURS, ce font des gens à cheval, établis pour faire chaffer les Chiens.

PISTE de Loup, c'eft fa marche ou fa voye.

PLAIN, *un Oifeau va de plain*, lorfqu'il vole les aîles étenduës & fans les remuer.

PLAISIR, on fait *plaisir* à l'Oiseau lorsqu'on lui laisse plumer la
Perdrix ou donner quelques coups
de bec.

PLANER, se dit des Oiseaux
qui se soutiennent en l'air, ou qui
vont de plain, ou qui rasent l'air.

PLATTEAUX, ce sont les
fientes & les fumées des Bêtes fauves qui sont plattes & rondes, &
qu'on voit encore en forme de
bouzards.

PLOMB, se dit des balles de
plomb dont on se sert pour mettre
dans le fusil.

PLOMBER les filets, c'est-à-
dire, y attacher des plombs pour
les faire descendre.

PLUME, *donner la plume à
l'Oiseau*, c'est lui donner une curée de plume.

POCHES ou pochettes, espece
de filets dont on se sert pour prendre des Lapins.

POIL, *mettre l'Oiseau à poil*,

c'eſt le dreſſer à voler le Gibier à poil.

POING, *voler de poing en fort.* Voyez voler.

POINTER, un Oiſeau pointe lorſqu'il va d'un vol rapide, ſoit en s'abaiſſant, ſoit en s'élevant, on dit auſſi *voler en pointe.* Voyez voler.

POIS. La Varenne du Louvre ne ſouffre point qu'on cuëille les *pois* qu'on n'ait averti les Gardes huit jours avant.

POIVRER l'Oiſeau, c'eſt-à-dire, le laver avec de l'eau & du poivre, quand il a la galle ou de la vermine, c'eſt auſſi pour l'aſſurer quand il eſt farouche.

POLTRON, ſe dit d'un Oiſeau auquel on a coupé les ongles des pouces qui ſont les doigts de derriere, où ſont ſes armes & ſa force, pour lui ôter le courage, & empêcher qu'il ne vole le gros Gibier, on le dit encore en un autre ſens. *Voyez* Vilain.

PORCHAISON, c'est un Sanglier qui est gras.

PORTE'ES, c'est quand un Cerf passe dans un bois qui est fort & pliant, & dont il fait plier les branches, & tourner en avant comme les autres feüilles avec sa tête, pour être de la tête d'un Cerf, il faut qu'elles soient de six pieds de hauteur : car il en peut faire du corps comme toutes les autres Bêtes.

POTEAUX.

Article I X. de l'Ordonnance du mois de Juillet 1607.

Seront plantés par toutes les limites de nos Garennes & Varennes, Poteaux où seront appliqués Placards contenant les défenses faites pour les Chasses.

POTTE'E, on dit *l'Oiseau a bonne pottée*, il faut tirer le filet, c'est-à dire, l'Oiseau est attaché avidement à l'appast.

POUDRER, c'est quand on chasse un Liévre dans le tems de la

séchereſſe, & qu'il paſſe dans les chemins poudreux, & les terres nouvellement labourées, où il fait voler la poudre qui recouvre les voyes, ce qui en diminuë beaucoup le ſentiment, alors on dit *le Liévre poudre trop, les Chiens en perdent les voyes à tout moment.*

POURSUITE, avoir eſſuyé la *pourſuite*, c'eſt-à-dire, avoir été chaſſé.

PRENDRE le Vent, c'eſt mener les Chiens courans, quand vous prenez les devants d'une Bête; c'eſt auſſi faire une courre à bon vent pour y mettre les Levriers, en-ſorte que le Vent vienne du côté du bois, où ſera détournée la Bête.

C'eſt encore quand un Limier ou un Chien courant, a le Vent d'une Bête, & qu'il la va lancer au Vent.

PRENDRE les devants, c'eſt quand on a perdu les voyes d'une Bête, & que l'on fait un grand tour, pour en rencontrer d'autres.

C'eſt auſſi quand le Veneur a rembuſché une Bête, qu'il en prend les devants avec ſon Limier pour la détourner, & être aſſûré qu'elle demeure.

PRENDRE ſon buiſſon, le Cerf choiſit une pointe de bois au Printems pour le retirer le jour, & aller aiſément la nuit aux gagnages ou cluſe champ.

PRIVILEGE de Chaſſe. C'eſt une conceſſion ſinguliere que le Roy octroye à toujours par Lettres Patentes, qui doivent être verifiées en la Chambre des Comptes.

PROYE, Oiſeau de *proye* qui vit de rapine.

Q

QUAQUECENDRE, c'eſt le flux de ventre & le flux de ſang des Loups & des Chiens.

QUARTAN, *Sanglier en ſon*

quartan, c'eſt lorſqu'il a quatre ans.

QUATROUILLE', c'eſt un poil mêlé aux Chiens parmi leur principale couleur.

QUERELLEUR, c'eſt un Chien pillart. *Voyez* Chien.

QUESTER, *ou aller en quête*, c'eſt lorſqu'un Valet de Limier va détourner les Bêtes avec ſon Limier.

C'eſt auſſi aller *quêter* une Bête pour la lancer, & la chaſſer avec les Chiens courans.

QUINTEUX, ſe dit d'un Oiſeau qui s'écarte trop.

R

RABATTRE, c'eſt lorſqu'un Limier ou un Chien courant tombe ſur les voyes d'une Bête qui va de tems qu'il s'en rabat, & re-montre, & en donne la connoiſ-ſance à celui qui le mene.

RABOULIERES, ce font des creux à l’écart où la Lapine fait fes petits, afin d’empêcher qu’ils ne foient mangés par les gros Lapins.

RAFLE, efpece de filet dont fe fervent les Oifeleurs.

RAGE, maladie qui fe prend dans le fang, & qui rend furieux celui qui en eft atteint, il y en a de fix fortes pour les Chiens ; fçavoir, *rage enragée, rage courante, rage tombante, rage flanquée, rage endormie ou rage-muë & rage enflée.*

RAIRE, ou réer, crier, *les Cerfs rayent,* lorfqu’ils font en rhut.

RAMER, *l’Oifeau rame en l’air,* c’eft-à-dire, fe fert de fes aîles comme de deux avirons.

RAMOLLIR l’Oifeau, c’eft-à-dire, *ramollir* fon pennage avec une éponge trempée.

RAMURES ou têtes de Cerfs, ils ne portent leurs premieres têtes qu'on appelle les dagues, sinon à leur deuxiéme année; au troisiéme, ils doivent porter quatre, six ou huit cornettes; au quatriéme, ils en portent huit ou dix; au cinquiéme dix ou douze; au sixiéme, douze, quatorze ou seize; & au septiéme, leurs têtes sont marquées de tout ce qu'elles porteront jamais, & n'augmentent plus qu'en grosseur.

RANDONNE'E, c'est quand après qu'une Bête est donnée aux Chiens, elle se fait chasser, & tourne deux ou trois tours à l'entour du même lieu.

RAPPORT, un Valet de Limier fait son *rapport*, lorsqu'il déclare à l'assemblée les diverses connoissances sur la Bête qu'il a détournée.

Un Garde-chasse fait son *rapport* lorsqu'il déclare ceux qui ont contrevenu aux Ordonnances du Roy.

RAPPROCHER un Cerf ou

une autre Bête, c'eſt le parchaſſer
avec les Chiens courans ; ces termes de parchaſſer & *rapprocher* ſe
diſent à cauſe que les Chiens ſont
obligés d'aller doucement pour tenir la voye d'une Bête qui eſt paſſée deux ou trois heures aupara-
vant.

R A S E R l'air, c'eſt lorſque l'Oiſeau vole ſans remuer preſque les
aîles, & ſans daguer.

R A S E R, ſe dit auſſi du Gibier
qui ſe tapit le mieux qu'il peut contre terre pour ſe cacher. *La Perdrix ſe raſe, quand elle apperçoit
les Oiſeaux.*

R A Y E R les voyes d'une Bête,
c'eſt faire une raye derriere le talon
de la Bête, cela ne ſe doit faire
qu'aux Bêtes qu'on a deſſein de détourner, c'eſt ce qui la fait connoître à ceux qui ſont au bois.

R E B A U D I R les Chiens, c'eſt
leur faire fête, les careſſer.

R E B U T E', c'eſt un Oiſeau qui

ne veut plus voler, qui en eſt las.

RECELER, c'eſt quand une Bête demeure deux ou trois jours dans ſon fort ou enceinte ſans en ſortir.

RECELEURS.

Extrait de l'Article XIV. de l'Ordonnance de 1515.

Nous voulons & ordonnons qu'iceux Receptateurs ſoient punis de telles & ſemblables peines, pour la premiere, deuxiéme & troiſiéme fois, & autrefois qu'a été ci - deſſus dit deſdits Preneurs & Chaſſeurs deſdites Bêtes & Gibier. *Voyez* Art. IX. page 143.

RECEPTIONS.

Article XXIX. de l'Ordonnance d'Aouſt 1669.

Les Capitaines des Chaſſes, leurs Lieutenans, & nos Procureurs ès Capitaineries, ſeront reçûs au Siége de la Table de Marbre, & les Greffiers, Huiſſiers & Gardes, tant à pied qu'à Cheval, pardevant les Capitaines ou leurs Lieutenans, après information de vie & mœurs, Religion Catholique, Apoſtolique & Romaine; fidelité & af-

fection à notre service ; & pour chacune
Reception, fera payé au Greffier, pour
la Groffe de l'information & enregistre-
ment des Provisions, fix livres feulement.

Exceptons néanmoins les Officiers
des Capitaineries des Maifons Royales
ci-deffus nommées. *voyez* Art. XXXII.
page 111.

Article XXX. même Ordonnance.

Ordonnons que dans trois mois, du
jour de la publication des Prefentes,
tous Capitaines, Lieutenans & autres
Officiers de Chaffe qui prétendent Jurifdiction, fors & excepté ceux de nos
Maifons Royales, ci deffus exprimées,
repréfenteront pardevant le Grand-
Maître de chacun Département, leurs
Titres d'érection ou établiffement, &
leurs Provifions & Acte de reception ;
pour être, fur fon Avis, par Nous pourvû en notre Confeil, au Rapport du
Controlleur General de nos Finances,
à la confervation ou réduction, ainfi
qu'il appartiendra. Et faute de les repré-
fenter dans le temps, défenfe d'exercer
à peine de faux.

voyez les Maifons Royales exceptées,
Article XX. page 44.

RECLAME, doit s'entendre des pipeaux, fiflets & autres inventions avec lefquelles on reclame, on fait revenir, ou amaffer les Oifeaux par un fon qui les trompe.

Reclame, fe dit auffi des Oifeaux de proye, lorfqu'on les reprend au poing avec le tiroir & la voye, ainfi qu'on fait les Autours & les Eperviers.

RECLAMER, c'eft rappeller un Oifeau pour le faire revenir fur le poing.

REDONNE' aux Chiens, c'eft lorfqu'on a requêté un Cerf, qu'on le relance, & qu'on le *redonne* aux Chiens, lors on dit relancé & *redonné*.

REDONNER, fe dit auffi des Oifeaux qui fe remettent de nouveau à la pourfuite du Gibier qui fe reguinde en l'air.

REER, c'eft le cri ou beuglement d'un Cerf, d'un Dain & d'un Chevreüil, quand ils font en rhut.

REFAIT d'un Cerf, ou bois qui se renouvelle, on dit *le Cerf a déja du refait.*

REFOULER, c'est retourner sur ses pas.

REFUITE, ce sont les lieux où vont les Bêtes lorsqu'on les chasse.

REFUS, Cerf de trois ans, se dit *Cerf de refus.*

REGUINDER, se dit de l'Oiseau qui fait une nouvelle pointe au dessus des nuës, c'est-à-dire, qui s'éleve en l'air par un nouvel effort.

REJETS, ce sont de petites verges qui étant pliées se redressent d'elle-même.

REINTE', c'est quand un Chien a les reins élevés en arc & larges, c'est signe de force.

RELAIS, tenir les *relais*, c'est quand on met des Chiens en certains endroits, & dans la refuite de la Bête que vous courez pour la donner quand elle passera.

Le premier relais s'appelle la vieille meute, le dernier se nomme les six Chiens, quoiqu'il y en ait quelquefois plus.

Il y a un *relais* à présent qu'on appelle seconde vieille meute.

RELAIS volant, c'est un *relais* qui n'est point fixé dans un lieu qui coupe, & suit la meute pour lui prêter son secours, quand elle en a besoin, ce qui se fait, quand on n'est pas sûr de la refuite des Cerfs: on ne s'en sert chez le Roy que dans les mois de May ou de Juin. Le dernier *relais* s'appelle de six Chiens, quoiqu'il soit composé d'un plus grand nombre.

RELAISSE', c'est un Liévre qui est chassé avec les Chiens courans, & qui se met sur le ventre.

RELANCER une Bête, c'est-à-dire, qu'elle est déja lancée, ce qui se fait, lorsqu'on la chasse, & particulierement quand elle est sur ses fins.

RELEVE' d'une Bête, c'eſt quand elle ſe leve, & ſort du lieu où elle a demeuré le jour pour aller ſe repaître.

RELEVER, on dit *relever un défaut*; c'eſt retrouver la voye qu'on avoit perduë.

REMARQUE, eſt un mot que crie celui qui mene les Chiens quand les Perdrix partent.

REMARQUEURS, ſe dit de ceux qu'on mene à la Chaſſe pour remarquer la Perdrix.

REMBUCHEMENT, c'eſt lorſqu'une Bête eſt entrée dans le fort que vous briſez ſur ſes voyes haut & bas de pluſieurs briſées.

REMBUCHE', on dit *le Liévre ſera rembuché*, ou rentré dans le bois, ce qui le rendra difficile à relancer.

REMONTER, c'eſt voler de bas en haut, on dit auſſi *remonter l'Oiſeau*, lorſqu'on le jette ou qu'on le cache du plus haut d'un cotteau.

On se sert encore de ce terme, lorsque l'Oiseau est trop maigre & trop bas, & qu'on le remplit ou qu'on l'engraisse, alors on dit, *il faut remonter le Faucon.*

REMONTRER, c'est donner connoissance des voyes de la Bête qui est passée.

RENARD, espece de Chien sauvage qui n'a rien de bon que le poulmon préparé qui sert aux Poulmoniques, sa peau sert aux Foureurs.

RENARDS & LOUPS.

Article V I I. de l'Ordonnance du mois de Juin 1701.

Enjoignons aux Maîtres Particuliers de nosdites Eaux & Forêts, & Capitaines de nos Chasses, d'y tenir la main, & de contraindre les Sergens-Louvetiers par condamnation d'amende, suspension & privation de leurs Etats & Charges à chasser & tendre ausdits Loups & Renards, & de faire rapport pardevant eux, de quinzaine en quinzaine, ou de mois en mois pour le moins, du devoir & des prises qu'ils auront faites.

Article

Article V. de l'Ordonnance de 1607.

N'entendons comprendre aux rigueurs du present notre Edit, les Officiers de notre Louveterie, pour le regard du port d'Arquebufe aux affemblées qui fe feront pour courre & prendre les Loups en nofdites Forefts, Bois & Buiffons en dépendans ; avec permiffion des Capitaines de nofdites Chaffes en icelles, ou de leurs Lieutenans, & affiftés de l'un des Gardes ordinaires defdites Chaffes.

RENCEINT, c'eft un retour en cercle.

RENCONTRER, ou trouver une voye, le Limier rencontre.

RENDEZ-VOUS, lieu de l'affemblée indiqué à tout l'équipage.

RENDONNE'E, c'eft quand après que le Cerf eft donné aux Chiens, il le fait chaffer dans fon enceinte, & tourne deux ou trois tours à l'entour du même lieu, & qu'après cela il prend fon parti d'aller bien loin, c'eft ce qu'on appelle *bonne rendonnée.*

RENTRER au fort d'une Bête.

c'est quand elle s'y rembusche.

RENVERSE, *vol à la renverse.* Voyez VOL.

REPENELLE. *Voyez* Rejets.

REPOSE'E, c'est le lieu où les Bêtes fauves se mettent sur le ventre pour y demeurer & dormir le jour, on dit *les Chevreüils sont à la reposée.*

REPRISE. *Voler à reprise.* Voyez Voler.

REPUCE. *Voyez* Repenelle.

REQUESTER un Cerf ou autre Bête, c'est lorsqu'on l'a couru & brisé le soir, & qu'on le va chercher & quêter le lendemain avec le Limier pour le relancer aux Chiens.

RESSUY, c'est le lieu où se met la Bête sauve pour s'essuyer de la rosée du matin, avant que de se mettre à la reposée.

RETOUR, faire un *retour,* c'est quand la Bête retourne d'où elle vient sur ses voyes.

RETRAITE, on dit *sonner la retraite* pour faire retirer les Chiens.

REVENU de Cerf, de Dain & de Chevreüil, c'est qu'après avoir mis bas leurs têtes, ils en repouffent une nouvelle.

REVOIR d'un Cerf, *on en revoit* par le pied, par les fumées, par les abattures, par les portées, par les foulées, par le frayoir & par les rougeurs.

R'HABILLER les pennes d'un Oiseau, c'est les raccommoder.

RIDE'ES, ce font les fientes & les fumées des Bêtes fauves qui font ridées aux vieux Cerfs & vieilles Biches feulement.

ROBBE, couleur du poil d'un Chien.

RODER, on dit *l'Oifeau rode de bonne action.*

ROMPRE les Chiens, c'est les empêcher de fuivre.

ROND. *Voler en rond.* Voyez Voler.

RONDON, *fondre en rondon*, c'est lorſqu'un Oiſeau fond en impetuoſité ſur ſon Gibier pour l'aſſommer.

ROUE'E ſe dit des têtes de Cerf, de Dain & de Chevreüil, dont les poches ſont peu ouvertes, & ſerrées.

ROUGEURS, c'eſt le ſang que le bois refait laiſſe aux branches.

ROUTAILLER, c'eſt chaſſer de gueule.

ROUTE, c'eſt un grand chemin dans les Bois.

RUT, c'eſt quand les Bêtes ſont en amour. Les Cerfs y entrent au commencement de Septembre, & finiſſent à la mi-Octobre, tant les vieux que les jeunes ; car ils n'y ſont chacun que trois ſemaines : ce ſont les vieux qui y entrent les premiers.

Le Rut des Chevreüils commence en Octobre, & ne dure que douze ou quinze jours ; car le Ché-

vreüil joüit seul de sa femelle , &
quand il veut.

R u t , ou plûtôt *Amour des
Liévres* , ou autrement *le Bouqui-
nage* , se fait ordinairement dans les
mois de Decembre & Janvier,
mais le temps n'en est pas si certain que des autres Bêtes

R u t & chaleur des Loups ; il se
tient dès la fin de Decembre jusqu'au commencement de Février.

R u t des Sangliers , se tient tout
le mois de Decembre , & quand il
leur manque des femelles , ils en
viennent chercher de domestiques.

R u t , ou *Amour des Renards* ,
il se tient en Decembre & Janvier.

R u s e , *le bout de la ruse* , c'est
lorsqu'on trouve au bout du retour
qu'a fait une bête , que ses voyes
sont simples , qu'elle s'en va , &
qu'elle perce.

R u s e r , c'est quand une Bête
qui est chassée va & vient sur les

mêmes voyes, dans un chemin ou autres lieux, à deſſein de ſe défaire des Chiens.

S

S A c de Chaſſeur. *Voyez* Pane-ſtiere.

S A C R E, c'eſt une des dix eſpe-ces de Faucon,

Celui qui eſt pris après la muë eſt le meilleur & le plus vîte, court empieté, hardi, de couleur rouge ou tannée, ou griſe, groſſe langue, doigts gros, & de bleu mourant. Ce ſont ſes bonnes marques ; il eſt le plus laborieux de tous, & plus traitable, ſa proye, ſont grands oiſeaux, Oye, Gruë, Heron, Bu-tor.

S A B E C H, eſt la cinquiéme eſ-pece d'Autour : il reſſemble à l'E-pervier.

S A G E S, ce ſont les Chiens qui conſervent le ſentiment de la Bête qui leur a été donnée, & qui en gardent le change.

SAUVAGES, Chiens fauvages. On entend par là les Loups & les Renards.

SECTION du Cerf. La premiere chofe qu'on doit lever, font les Dyntiers, autrement Coüillons. Après, il faut commencer à le fendre à la gorge jufqu'au lieu des Dyntiers; puis le faut prendre par le pied d'entre le devant & encifer la peau tout au tour de la jambe, au deffous de la jointure, & la fendre depuis l'encifure jufqu'au lieu de la poitrine, & autant aux autres jambes. Après on commence par les jambes ou par les pointes des encifures, & on le dépoüille.

SEME', *bien femé*, c'eft quand à la tête d'un Cerf, d'un Dain, & d'un Chevreüil, le nombre des andoüillers fe trouve pair; & *mal femé*, c'eft quand il eft impair.

SENTIMENT, c'eft quand un

Chien sent le vent de la voye.

S'EN VA CHIENS, c'est ainsi qu'on parle aux Chiens quand ils chassent. Les mêmes sont, *Il va là, Chiens, Outre-vaux, Chiens*; ce qui se doit dire à la discretion du Piqueur. Ces termes se disent les uns après les autres.

SEPARER. On dit *séparer les questes*, c'est distribuer aux Veneurs & aux Valets de Limier, une Forêt par cantons ou plusieurs buissons, après les avoir écrits & les leur avoir donné par billets pour aller au Bois détourner les Bêtes dont on traite.

SERRES, se dit des ongles & des griffes d'un Oiseau de proye.

SERROT, c'est ainsi qu'on appelle un bâton long d'un pied, parce qu'il serre une machine dont on se sert pour prendre des Oiseaux.

SILLER, signifie coudre les paupieres d'un Oiseau de proye, afin qu'il ne voye goute, & ne se débatte pas. Lorsque les Tendeurs

ont pris des Oiseaux paſſagers , ils
leur ſillent les yeux avec une éguil-
lée de fil.

Soldats & Troupes.

Article XLVIII. du Reglement du 4.
Juillet 1716.

Sa Majeſté défend à toutes ſes Troupes , de marcher dans les Grains, Vignes , Prez , ou autres endroits où elles
peuvent faire dommage , ni d'y faire
paſſer des Chevaux , ſur peine d'indem-
niſer les Proprietaires de la perte qu'elles auront cauſé.

Article XLIX. même Reglement.

Défend auſſi Sa Majeſté aux Officiers
deſdites Troupes , ſoit dans les Routes
ou Garniſons, de chaſſer dans les Grains,
ſur peine de payer le dommage , & d'être
mis en priſon , ſuivant les Procès verbaux qui en ſeront faits ; comme auſſi de
chaſſer ſur les Terres des Gentils-hommes , qui ſont conſervées , ni dans les
Garennes ; & lorſque faiſant route , ils
ſeront avertis par les Gardes Chaſſes
de ne pas chaſſer ſur les Terres de leurs
Maîtres , ils ſeront obligés de ſe retirer ,
ſur peine de priſon , & d'une amende applicable à l'Hôpital du lieu , ou au plus
voiſin.

S o l l e, c'est le milieu du dessous du pied des grandes Bêtes.

S o m m e'e s, s'entend à l'égard
des pennes du Faucon : on les dit
toutes sommées, lorsqu'elles ont entierement pris leur croît.

S o n du Cor, gros ton, & ton
grêle.

S o n n e r un mot ou deux du
gros ton, c'est quand le Piqueur
donne le signal à quelqu'un de ses
compagnons pour le faire venir à
lui

S o r, se dit d'un Oiseau pendant la premiere année où il porte
encore son premier pennage, qui
est roux. Il ne se dit que des Oiseaux de passage, & non des Bran-
chiers & des Niais.

S o r t i r du Fort, c'est une Bête
qui débûche de son fort, qui est
le lieu où elle a demeuré le jour.

S o u i l l e, c'est quand la Bête
noire se met sur le ventre dans l'eau
& dans la bourbe.

SOURCE. On dit *Vol à la sour-ce.* Voyez VOL.

SPE'ES, ce font des bois pouf-fés d'un an ou deux.

SUBTIL. *Mal fubtil,* maladie qui arrive aux Oifeaux de proye, qui les affame, quoiqu'on leur donne toujours à manger.

SUIVRE, c'eft quand un Limier fuit les voyes d'une Bête qui va d'affurance, car quand elle fuit c'eft la chaffer.

SUPPLICE.

Article II. de l'Ordonnance d'Aouft 1669.

Défendons à nos Juges, & à tous autres, de condamner au dernier fupplice pour le fait de Chaffe, de quelque qualité que foit la contravention, s'il n'y a d'autre crime mêlé qui puiffe mériter cette peine, nonobftant l'Article XIV. de 1601. auquel Nous avons dérogé expreffément à cet égard.

SUPPRESSIONS.

Article XLI. de l'Ordonnance d'Aouft
1669.
Supprimons toutes Charges de Pre-

vôts, Commiſſaires & Controlleurs Generaux & Particuliers des Chaſſes ; enſemble tous les Officiers qui pourroient
avoir été par eux commis , ſous quelque prétexte que ce ſoit , faiſant défenſes aux uns & autres , d'en continuer
l'exercice , à peine de faux , mille livres
d'amende , & de tous dépens , dommages & interêts des Parties.

SURANDOUILLER, c'eſt un
grand Andoüiller qui ſe rencontre
à quelques têtes de Cerfs, qui ex-
cede en longueur les autres de
l'empaumure.

SUR-ALLER, c'eſt quand un
Limier , ou un Chien courant paſſe
ſur les voyes d'une Bête ſans en rabattre & en remontrer à celui qui
les méne.

SURNEIGE'ES, ce ſont les
voyes des Bêtes où la neige a tòm-
bé.

SURPLUES, ce ſont des
voyes où il a plû.

T

T Aıôo, c'est le terme du Chasseur, quand il voit la Bê-te ; sçavoir, le Cerf, le Dain & le Chevreüil.

TALON, le *talon* est au haut du pied du Cerf, il sert à distinguer son âge : dans les jeunes, le *talon* est éloigné de quatre doigts des os ou ergots : dans les vieux, il joint presque les os. Plus il est près, plus il est vieux.

TAQUET. On dit, *nourrir un Oiseau au Taquet*, lorsqu'il est en liberté au soleil, & qu'on le fait revenir quand on l'appelle en frappant sur le bout d'un ais : c'est cet ais qu'on appelle *Taquet*.

TAVELEURE, s'entend des mailles ou taches differentes en couleurs, qui se trouvent sur le manteau des Oiseaux de proye.

TEMS. On dit, *revoir de bon*

tems, lorſque la voye eſt fraîche &
de la nuit.

TENEUR, le nom du troiſiéme Oiſeau qui attaque le Heron
dans ſon vol.

TENIR AMONT, c'eſt lorſque
l'Oiſeau ſe ſoutient en l'air en at-
tendant qu'il découvre quelque
choſe.

TENIR LA VOYE, c'eſt la
ſuivre.

TERRES enſemencées.

Extrait de la Declaration du Roy,
du 11. Juin 1709.

Faiſons très-expreſſes inbitions &
défenſes à tous Gentils-hommes & autres ayant droit de Chaſſe, de chaſſer
avec Chiens & Oiſeaux, à pied ou à
cheval, ſur les Terres enſemencées de
quelque grain que ce puiſſe être, juſque
après la recolte prochaine, à peine de
privation de leur droit de Chaſſe, & de
500 livres d'amende, conformément à
l'Article XVIII. du Titre des Chaſſes
de notre Ordonnance du mois d'Aouſt
de l'année 1669. & en outre, de 500.
livres d'aumône, applicable aux pauvres

du lieu le plus proche ; ensemble de tous
dépens , dommages & interêts envers le
Proprietaire, Usufruitier ou Fermier,
lesquels dommages & interêts ne pourront être liquidés à une moindre somme
que celle de cent livres.

Voulons que les mêmes peines ayent
lieu contre tous Marchands , Artisans ,
Paysans & tous autres Roturiers, qui
n'ont point droit de Chasse, & ce, outre les peines portées par l'Art. XXVIII.
du même Titre des Chasses, de notre
Ordonnance du mois d'Aoust 1669. lequel, ensemble l'Article XVIII. du
même Titre, sera au surplus executé
selon sa forme & teneur ; & seront toutes les Sentences qui interviendront en
cette matiere, executées par provision,
nonobstant toutes oppositions ou appellations, & sans y préjudicier, à quelques sommes qu'elles puissent monter.

TESTE. On dit, *Faire la tête
d'un Oiseau* ; c'est-à-dire, l'accoû-
tumer au chaperon.

Cela s'entend aussi du bois du
Cerf. On dit , *Une tête bien née.*

Premiere Tête du Cerf. *Voyez*
DAGUES.

Deuxième Teste, qu'il pousse en commençant sa troisième année, dite *Porte-six*, parce que chaque perche porte deux petits andoüillers, outre les deux bouts de la perche.

Troisième Tête, qu'il pousse en commençant sa quatriéme année.

Quatriéme Tête, en commençant sa cinquiéme année.

Cinquiéme Tête, en commençant sa sixiéme année. Passé six ans, c'est un vrai Cerf de dix corps.

TESTE portant *Trochures*, qui portent trois ou quatre chevilles, andoüillers ou épois à la sommité de leur bois.

TESTE enfourchée, dont les dards du sommet font la fourche. On dit aussi, *Tête bien chevillée*.

TESTE paümée, celle dont la sommité s'ouvre, & représente les doigts & la paume de la main.

TESTE couronnée, celle dont
les

les cors font une espece de couronne : elles sont rares.

TIEN-LE-BIEN, c'est la filiere
même.

TIERAN, c'est une Bête qui a
atteint l'âge de trois ans.

TIERCELET, est la troisiéme
espece d'Autour. Il est le mâle, &
prend les Perdrix. Il est nommé
Tiercelet, parce qu'ils naissent trois
en une même nichée, deux femelles & un mâle.

TIRASSE, espece de Filet
dont on se sert pour prendre les
Cailles.

TIRASSER, c'est tendre la
Tirasse.

TIRER DE LONGUE, c'est
quand la Bête s'en va sans s'arrêter.

TIRER sur le Trait, c'est quand
le Limier trouve la voye & veut
avancer.

TIREZ, CHIENS, TIREZ,
c'est le terme dont on se sert pour
faire suivre les Chiens quand on les
appelle.   Q

TIROIR, c'est proprement les aîles d'un Chapon, ou d'un Coc-d'Inde, dont se servent les Fauconniers pour rendre gracieux leurs Oiseaux, & les reprendre au poing.

TOILE. *Vol à la toile.* Voyez VOL.

TOILES, c'est ce qui sert à enfermer les Bêtes noires.

TOMBERELLE. *Voyez* Tonnelle.

TOMBISSEUR. *Voyez* Haussepied.

TONNELLE, espece de Vache ou Cheval de bois peint, ou Peau de Vache dressée avec art, que le Chasseur pousse devant lui vers les Perdrix, pour les faire entrer dans un Filet ; c'est ce qui s'appelle *Tonneler* par des Tonneleurs.

TONS pour Chiens, font, *don, don, don, don, doon*, cela se sonne du gros ton quand on fait chasser; & pour faire tourner & requester les Chiens, on sonne *donhon, donhon*, & du gros ton : & quand la Bête est à vûë, il faut sonner du grêle les mêmes tons que pour les Chiens. Et pour sonner la mort, il faut sonner trois mots longs ainsi, *don on-on*, & du gros ton. Et pour la retraite, il faut encore sonner du gros ton, *donhon*, *donhon*, *don-hon*, *don on-on*.

Toucher *aux bois*, c'est quand le Cerf, le Dain & le Chevreüil veulent ôter la peau veluë qu'ils ont sur leurs bois.

Tourner, c'est lorsque la Bête que l'on chasse tourne & fait un retour ; c'est aussi faire tourner les Chiens pour en trouver le retour, & le bout de la ruze.

Traces, les pieds des Ours & Sangliers, Bêtes mordantes, se nomment ainsi.

Train, le *train* de l'Oiseau sort derriere son vol. On dit aussi, *faire le train d'un Oiseau*, lorsqu'on lui donne un Oiseau dressé qui lui montre ce qu'il doit faire, & à quoi on le veut employer.

TRAISNEAU, c'est un Filet
pour prendre des Perdrix, des Cailles, Vanneaux, Bécasses, Pluviers,
Ramiers, Grives, Ostardes, Oyes
sauvages, Canards, Tourterelles,
Etourneaux, Vannelles, Calen-
dies, &c.

TRAIT, c'est la corde de crin
qui est attachée à la botte du Limier, qui sert à le tenir lorsque le
Veneur va aux Bois.

TRAIT. *Voler comme un trait.*
Voyez VOLER.

TRAMAIL, espece de Filet
dont on se sert pour prendre les
Oiseaux.

TRAVAIL. *Oiseau de grand*
travail, est celui qui est fort dans
son vol, & ne se rebute point.

TREBUCHET, petite cage qui
sert à attraper des Oiseaux, dont la
partie superieure est ouverte & ar-
rêtée si délicatement, que pour peu
qu'on y touche, le ressort se lâche
& la ferme, en sorte que l'Oiseau

qui y est entré se trouve pris.

TRIPIER. On dit, *un Oiseau tripier.* Voyez OISEAU.

TROCHES, ce sont des fumées qui sont à demi formées.

TRÔLLE, c'est ce qui se fait quand on n'a pas été au Bois pour y détourner les Bêtes dont on a parlé. Ce terme veut dire, découpler les Chiens courans dans un grand pays de Bois, pour quêter & lancer la Bête qu'on veut courre. On dit aussi, *aller à la Trôlle.*

TROMPE, Cors de Chasse, petits & grands.

TROTTER, s'entend de la maniere de marcher des Oiseaux de Marécage, qui ne vont que sautant, les deux pieds ensemble.

TROUPPE. *Voler en troupe.* Voyez VOLER.

TROUS. Voyez CLÔTURE.

TUNICIEN, espece de Faucon.

TYA HILLAUD, terme de Chasse, d'usage lorsque le Cerf

commence à dresser par les faîtes,
& que le Veneur en est certain :
c'est ainsi qu'il crie jusqu'à ce que
les Chiens soient arrivés à lui.

C'est ainsi que crient les Piqueurs
lorsqu'ils voyent le Cerf.

V

VACHE artificielle, dont se
servent ceux qui chassent à la
Tonnelle.

VAINES, ce sont des fumées
légeres & mal pressées des Bêtes
fauves.

VALETS de Chiens, sont ceux
qui en ont soin.

VALETS de Limier, ce sont
ceux qui vont au Bois pour détourner les Bêtes avec leurs Limiers, &
qui les doivent dresser & en avoir
soin.

VALETS de Levriers, ce sont
ceux qui ont soin des Levriers, &
qui les tiennent & lâchent à la
courre.

VANNES, ce font les grandes plumes des aîles des Oiseaux de proye.

VA OUTRE, c'est le terme dont use le Valet de Limier lorsqu'il est au Bois, & qu'il allonge le trait à son Limier, & le met devant lui pour le faire quêter.

VAUCELETS, cri qui marque qu'on voit la voye, ou qu'on en revoit par les fumées.

VAUTRAIT, c'est la Chasse qui se fait aux Bêtes noires avec des Mâtins.

VAYLA, c'est le terme dont un Valet de Limier doit user quand il arrête son Limier qui est sur les voyes d'une Bête, pour connoître s'il est dans la voye.

VEILLER l'Oiseau, c'est l'empêcher de dormir, qui est un moyen qu'on a trouvé pour le dresser.

VELCY ALLE', terme dont doit user le Valet de Limier pour parler à son Chien, pour l'obliger à suivre les voyes d'une Bête quand il en a rencontré.

Ce terme peut servir aussi pour faire quêter & requêter les Chiens courans.

VELCY VA AVANT, c'est encore un terme que doit dire un Valet de Limier lorsqu'il coure une Bête qui va d'assurance, & quand il en revoit des voyes ; & quand ce sont des foulées ou des portées, il doit dire, *Velci va avant par les fumées*, ou *portées*, ou *foulées*, s'il s'en trouve, ou que ce soit la saison.

VELCY REVARY VOLCELETS, se dit d'un Cerf qui ruze, & qu'on voit revenir sur les mêmes voyes.

VELLE LA, c'est le terme qu'on doit dire, quand on voit le Liévre, le Loup & le Sanglier.

VELESCY ALLE', c'est le terme dont on doit user quand on voit des suites de Loup, de Sanglier & de Renard.

VELUE

VELUE, c'eſt la peau qui eſt ſur la tête des Cerfs, des Dains & des Chevreüils lorſqu'ils la pouſſent.

VENAISON, c'eſt la graiſſe du Cerf, qu'on appelle de même aux autres Bêtes. C'eſt le temps qu'il eſt le meilleur à manger, & qu'on le force plus aiſément ; ce ſont les Cerfs de dix cors, & les vieux qui en ont le plus.

VENT. *Un Oiſeau va vaut-le-vent*, quand il a la queuë ou le balay au *vent*, qu'il va contre le *vent*, ou qu'il a le bec au *vent*

On dit auſſi, *aller l'aîle au vent*, ce qui ſignifie aller à côté du *vent*.

On dit auſſi, *bander au vent*, quand l'Oiſeau ſe tient ſur les Chiens, faiſant la crecerelle.

Tenir bec au vent, eſt un terme dont on ſe ſert quand l'Oiſeau chevauche le *vent*, lorſqu'il y réſiſte ſans tourner la queuë.

On appelle *Vent léger*, celui qui

est favorable à la Chasse, qui n'est point trop fort, mais doux & gracieux.

On nomme *Vent clair*, celui qui souffle lorsque le temps est serain.

On dit, *prendre le haut du vent*, c'est voler au-dessus.

VENTE.

Article XIX. de l'Ordonnance du mois de Juin 1601.

Ceux qui auront ouvré, exposé en vente, ou acheté, ou qui auront été trouvés saisis de Tirasses, Tonnelles, Traîneaux, Bricoles, Pans de Rets, Collets & autres Engins défendus, seront pour la premiere fois condamnés en 15 liv. d'amende.

Pour la deuxiéme, en 30 livres ; & pour la troisiéme, outre lesdites amendes, bannis de la Ville, Prevôté, ou Bailliage où ils auront été trouvés, & les Filets & Engins confisqués, lesquels nous voulons être ars & brûlés à jour de marché & Place publique desdites Villes, Bourgs & Villages.

Et pour la premiere & deuxiéme fois qu'ils n'auront de quoy payer lesdites amendes, seront battus de verges sous la

Cuſtode, ou en Place publique, à l’arbitrage des Juges.

Et ceux qui enfraindront leur banniſſement, feront punis comme les Infracteurs. *Voyez* Art. XIV. page. 140.
Voyez auſſi Braconniers, Ordonnance de
1715.

VENTOLIER, ſe dit d’un Oiſeau qui ſe plaît au vent, qui s’y
laiſſe qeulquefois emporter, ce qui
le fait perdre.

On appelle auſſi *un bon Oiſeau
ventolier*, celui qui réſiſte au vent
le plus violent, qui s’y bande le bec
au vent, & qui le chevauche ſans
tourner la queuë.

VERGE de Huau, eſt une baguette un peu longue, garnie de
quatre petits piquets auxquels on
attache les aîles d’un Milan, dit
Huau.

VERGE de Meute, n’eſt autre
choſe qu’une baguette garnie de
trois piquets, avec des ficelles aux-
quelles on attache un Oiſeau vivant,
qui étant lié s’appelle *Meute.*

VERMILLER. Si le Sanglier a fait ses boutes dans les prez ou fraîcheurs, cela s'appelle *Vermiller*.

VERS. Ils s'engendrent l'hyver entre la nape & la chair des Bêtes fauves, & se coulent & vont le long du cou des Cerfs, Dains & Chevreuils, entre le massacre & le bois, pour le leur ronger, & leur faciliter à mettre bas leurs têtes.

VERUELLE, c'est une espece de petit anneau ou plaque qu'on attache au pied de l'Oiseau de proye, où il y a une empreinte des armes du Seigneur à qui il appartient.

VEUE. *Bête à vûë*, c'est lorsqu'on voit la Bête, & qu'on la court à vûë.

VIANDIS, ce sont les pâtures des Bêtes fauves.

VIGNES.

Extrait de l'Article XVIII. de l'Ordonnance du mois d'Aoust 1669.

Et dans les Vignes, depuis le premier

jour du mois de May jufque après la dépouille, à peine de privation de leur Droit de Chaffe, cinq cens livres d'amende, & de tous dépens, dommages & interêts envers les Proprietaires ou Ufufruitiers.

VILAIN. *Oifeau vilain*, éft celui qui ne fuit le gibier que pour la cuifine, qu'on ne peut affaiter, ni dreffer ; tels que font les Milans & les Corbeaux, qui ne combattent que les Poulets.

VOILECY-ALLER. Le Veneur qui a détourné le Cerf, voyant tout prêt, fe doit mettre devant tous les autres, & frapper à route, car l'honneur lui appartient, en criant : *Voilecy-aller, voilecy-avant, va avant, Voilecy par les portées, Rotte, rotte, rotte.*

VOIRIES.

Reglement de la Varenne du Louvre, du 4. May 1703.

Défenfes aux Laboureurs, Fermiers ou autres, qui auront des Terres dans la Capitainerie, d'enlever hors des Voi-

ries les matieres fecales fraîches, boyau-
deries, vuidanges de Boucheries & autres immondices pour fumer leurs terres,
qu'elles n'ayent repofé dans lefdites
Voiries l'efpace de trois années, qui eft
le temps prefcrit par les Ordonnances,
pour être réduits en terre propre à fumer lefdites Terres, ni de faire brûler
les Chaumes qui reftent fur lefdites
Terres, à peine de vingt livres d'a-
mende.

VOL, fe dit de l'Equipage, des
Chiens, & des Oifeaux de proye
qui fervent à prendre du gibier.

Le Roy a des Vols pour le He-
ron, pour le Milan Royal, pour le
Milan noir, pour Buzes, pour faux
Perdreaux, Cercelles, Hibous,
Corbeaux, Choucas, Courlis,
Cannepetieres, & pour les Chams
& les Liévres. Il y a des Eperviers
pour les Merles & les Perdrix; &
des Cormorans pour voler fur les
Rivieres.

VOL pour le gros, c'eft celui
qui fe fait fur les Oifeaux de fort &
de cuifine, comme Oyes, Gruës, &c.

Le *Vol* du Milan se fait avec quatre Oiseaux : On lui donne premierement un Sacret, puis on jette deux Sacres, & enfin un Gerfaut.

Vol du Heron. A ce Vol on se sert de trois Oiseaux ; le premier, se nomme Haussepied, qui va le chatoüiller, & le fait hausser ; le second, qu'on jette au secours, s'appelle Tombisseur ; & le troisiéme, s'appelle Teneur, qui est ordinairement un Gerfaut.

Vol de l'Epervier. Pour le faire, il faut prendre l'heure un peu avant Soleil couché, parce que c'est l'heure de la plus grande faim, que le temps est plus doux, & qu'il se peut moins éloigner. Il faut chercher large campagne, loindes arbres, & qu'il soit déchaperonné quand les Epagneux quêteront. S'il prend un Perdreau, il lui en faut donner, contre terre, avec la cervelle & de la poitrine.

Vol, se dit de la maniere de voler sur le gibier.

V o l à la source, ou *Vol à leve-cul*, se dit lorsque la Perdrix part, ou qu'on fait partir le Heron.

V o l à la renverse, se dit au renverser des Perdrix à vau-le-vent.

V o l à la couverte, c'est celui qui se fait lorsqu'on approche le gibier à couvert derriere quelque haye.

V o l c e l e s y, c'est un terme que l'on doit dire quand on revoit la Bête sauve qui va fuyant : ce qui se voit quand elle ouvre les quatre pieds.

V o l e r, signifie prendre où poursuivre le gibier avec des Oiseaux de proye.

Un des plaisirs des Grands, c'est de faire voler l'Oiseau, le lâcher sur le gibier.

V o l e r à la toise, c'est lorsque l'Oiseau part du poing à tire-d'aîle, poursuivant la Perdrix au courir qu'elle fait de terre.

V o l e r de poing en fort, c'est

quand on jette les Oiseaux de poing après le gibier.

VOLER d'amour, c'est quand on laisse voler les Oiseaux en liberté, afin qu'ils soutiennent les Chiens.

VOLER haut & gras, bas & maigre. *Voler de bon trait*, c'est-à dire, de bon gré.

VOLER en troupe, c'est quand on jette plusieurs Oiseaux à la fois.

VOLER en rond, c'est quand un Oiseau vole en tournant au-dessus de la proye.

VOLER en long, c'est voler en droite ligne, ce qui arrive lorsque l'Oiseau a envie de dérober ses sonnettes.

VOLER en pointe, c'est lorsque l'Oiseau de prove va d'un vol rapide en se levant ou en s'abaissant.

VOLER comme un trait, c'est lorsqu'un Oiseau vole sans discontinuer.

V O L E R à reprises, c'est lorsqu'un Oiseau se reprend plusieurs fois à voler.

V O L E R en coupant, c'est lorsque l'Oiseau traverse le vent.

V O L E R I E, ou Chasse avec les Oiseaux de proye. On dit, *Il a la haute Volerie*, qui est celle du Faucon sur le Heron, Canards, Gruës; & le Gerfaut sur le Sacre & le Milan.

La basse Volerie de bas vol, est le Lânier, le Lancret. Le Tiercelet de Faucon exerce la *basse Volerie*, ou des champs, sur les Faisans, les Perdrix, les Cailles, &c.

V O L E U R. On dit *Oiseau bon voleur*, ou *beau voleur*, quand il vole bien & sûrement.

V O Y E S, sont les grands chemins, au lieu que les petits sentiers se nomment routes.

V O Y E S, ou pieds des Cerfs, Chevreüils & Dains.

V O Y E Z & R E V O Y E Z, c'est

quand on revoit du pied de la Bête par où elle a passé, pour en faire revoir.

WARENNE, tire son origine du mot Allemand *Warhen*, qui signifie garder ou défendre; de-là vient que les Bêtes qui sont dans les Warennes, sont telles que la Chasse n'en est permise qu'à leurs Maîtres.

VUIDER. On dit, *Vuider un Oiseau*, pour le purger.

Faire vuider le gibier, c'est le faire partir quand les Oiseaux sont montés ou détournés.

EDIT DU ROY,

Portant création de la Varenne du Louvre, & son étenduë du côté de l'Université, vers Meudon, & autres Paroisses du même côté, revenant jusqu'à la Porte Saint Victor.

HENRY, par la grace de Dieu, Roy de France & de Navarre: A tous presens & à venir, SALUT.

204 .

Nos Predeceſſeurs Rois, ayant agréé la
demeure & particuliere habitation d'aucunes des Villes & Châteaux de cettuy
notre Royaume, auroient établi ès environs de la plûpart d'iceux des Varennes, pour y prendre leur plaiſir de
Chaſſe, & à cette fin commis & ordonné des Officiers pour la garde &
conſervation du Gibier étant eſdites
Varennes · au moyen de quoi, faiſant
la plûpart réſidence en notre bonne
Ville de Paris, Capitale de notre Royaume, avons adviſé, afin que puiſſions
ci-après commodément prendre & recevoir leſdits plaiſirs de la Chaſſe, ſoit
de la Vennerie ou Fauconnerie, ſans
Nous éloigner d'icelle, établir une Varenne en l'une des Plaines ès environs
de ladite Ville, pour ce ayant mis cette
affaire en déliberation en notre Conſeil;
ſçavoir, faiſons, que de l'advis d'icelui,
& de notre propre mouvement, pleine
puiſſance & autorité Royale, avons
par cettuy notre preſent Ed. &t, perpetuel
& irrévocable, créé, ordonné & eſta-
bli, créons, ordonnons & eſtabliſſons
en la Plaine eſtant ès environs de notredite Ville de Paris, du côté de l'Uni-
verſité, que Nous voulons s'étendre,
à commencer ès Fauxbourgs Saint

Germain des Prez, le long de la Riviere de Seine, jusqu'au Chasteau de Meudon, & remonter par les Villages de Vaugirard, Vanvres, Yssy, Fleury, Clamart, aller par Montroy & Chatillon, Bagneux, Fontenay sous Bagneux, Chastenay, Verriere, Plessis Piquet, Anthony, Arcüeil, Gentilly, Ville Neuve, Vitry, & Yvri sur Seine, revenant sur la Riviere de Seine, à la Porte Saint Victor; auquel circuit & Plaine que voulons estre doresnavant la Varenne du Louvre, afin qu'il y ait plus grande quantité de Gibier, & s'en puisse conserver à l'avenir, sans y être chassé ni épouvanté; Nous avons fait & faisons très expresses inhibitions & défenses à toutes personnes, de quelque état, qualité & condition qu'ils soient, de chasser doresnavant à l'advenir dans ladite Varenne cy-dessus déclarée, soit aux Bêtes fauves, rousses & noires, Lievres, Conils, Perdreaux, & autres Gibiers quelconques; avec Chiens, Oiseaux, Furets, Collets, Tonelles, Arquebuses, Arbalestres, ou autres, Engins, en quelque sorte & maniere que ce soit, encore qu'ils ayent Terres & Héritages, & Bois dans ladite Varenne, à peine d'amende por

cuniaire pour la premiere fois , & à
tenir prifon jufqu'à plein payement ;
la deuxiéme par confifcation d'armes
& engins qui feront trouvés aufdits
Chaffeurs, & d'amende arbitraire ; &
la troifiéme fois de punition corporelle,
fuivant & conformément aux Ordonnances faites par nofdits prédeceffeurs
Rois , & Nous , fur le fait defdites
Chaffes ; & à tous Capitaines de nos
Gens de Guerre , foit de cheval ou de
pied , Lieutenans , Enfeignes , & autres
membres defdites Compagnies, de loger
ès Villages fufdits , ne autres eftant au
dedans ladite Varenne ; & aux Ma-
réchaux des Logis & Fouriers , d'y
bailler département des Logis, ne aucuns étiquets ; enjoignons ofter &
rayer de leurs Rolles lefdits lieux , à
peine d'encourir notre indignation ,
& d'être punis & châtiez comme infracteurs de nos Commandemens. Permettons à cette fin aux Habitans déf-
dits Villages , & autres nos Sujets ;
& en cas d'aucuns mépris & contraventions de cette notre volonté , de
courir fus à fon de tofcin , ayant pris
& mis , comme par ces Préfentes , nous
prenons & mettons lefdits Habitans de
chacun defdits Villages & Lieux cy-

deſſus déclarés, en notre protection & ſauve-garde ſpeciale ; & afin qu'aucuns ne puiſſe prétendre cauſe d'ignorance de ce que deſſus, voulons leſdites défenſes être miſes en des Poteaux, qui pour cet effet ſeront dreſſés, tant eſdits Fauxbourgs de Saint Germain des Prez, Saint Victor, eſdits Villages, qu'autres lieux & endroits de ladite Varenne que beſoin ſera : Et d'autant qu'il eſt très-requis & neceſſaire qu'ils ayent des perſonnes ſuffiſantes & capables pour avoir l'œil & faire obſerver cette notre Ordonnance, & juger dés matieres & contraventions qui ſeront ſur ce faites, avons créé & érigé, créons & érigeons en chef, titre & qualité d'Officiers, formé un Capitaine de ladite Varenne du Louvre, un Lieutenant de longue-Robe, un Procureur de Nous, & un Greffier, pour être par Nous à preſent pourvû auſdits Offices de perſonnes capables, & cy-après quand vacation y échera ; auquel Capitaine avons donné & donnons pouvoir de nous nommer & preſenter, & à nos ſucceſſeurs Roys, perſonnes ſuffiſantes & capables auſdits Offices de Lieutenant, Procureur de Nous, & Greffier, pour être à ſa nomination pourvû d'iceux : Ensemble lui donnons pouvoir & puissance de commettre des Gardes de ladite Varenne jusqu'au nombre de douze, pour avoir le soin dudit Gibier & autres choses susdites, ès lieux que besoin sera, les suspendre & priver de leurs Charges & Offices en cas de malversation, comme il verra estre requis & nécessaire pour le bien de notre service, lesquels Capitaine, Lieutenant, Procureur, Greffier & Gardes susdits, afin qu'ils ayent moyen & occasion de se dignement acquitter de leurs Charges & Offices, nous avons annexé & annexons avec le corps de notre Vennerie & Fauconnerie : Voulons & Nous plaist qu'ils jouïssent de tels & semblables honneurs, autorités, prérogatives, prééminences, privileges, franchises, exemptions, immunités & libertés, dont jouïssent & ont accoustumé de jouïr & user nos Officiers de ladite Vennerie, Fauconnerie, Capitaines & Officiers des Chasses de notredit Royaume ; à chacun desquels Officiers, Procureurs, Greffiers, & Gardes, avons octroyé & accordé, octroyons & accordons, la somme de vingt écus de gages, & outre à ce que dessus, puis être executé : Avons attribué

bué & attribuons aufdits Capitaine,
Lieutenant, Procureur de Nous, &
Greffier, la jurifdiction & connoiffance
en premiere inftance, de toutes & cha-
cunes les caufes & matieres, tant ci-
viles que criminelles, qui s'y pourront
cy-après mouvoir & intenter dans l'é-
tenduë de ladite Varenne, à caufe
defdites contraventions en Chaffe, pour
les juger & terminer privativement à
tous nos autres Juges & Officiers, nonobftant oppofitions ou appellations
quelconques, & fans préjudice d'icelles;
lefquelles appellations reffortiront nuë-
ment pardevant nos amés & féaux les
Gens tenant notre Cour de Parlement
à Paris; & défendons à tous nos Juges
quelconques, d'en prendre aucune Cour,
Jurifdiction ne connoiffance; comme
auffi Nous avons interdit & défendu,
interdifons & défendons aux Grands
Maiftres Enquefteurs & generaux Réformateurs de nos Eaux & Forefts,
leurs Lieutenans, Maiftres Particuliers
d'icelles, & autres Officiers de nofdites
Eaux & Forefts, Prevofts de Paris, ou
leurs Lieutenans, & à tous nos autres
Jufticiers & Officiers qu'il appartiendra,
de prendre connoiffance defdites matieres; & aux Parties d'en faire pour

S

210

ſuites d'icelles , ailleurs que devant leſdits Capitaine de ladite Varenne , ou
ſon Lieutenant , ſur peine de nullité ,
& caſſation deſdites Procedures , d'a-
mende arbitraire , & de priſon. S i
DONNONS EN MANDEMENT,
à nos amés & féaux les Gens de notredite Cour du Parlement , de nos Comptes , Cour des Aydes , Grands Maiſtres
Enqueſteurs & Generaux Réformateurs
deſdites Eaux & Foreſts , au Siege de
la Table de Marbre de notredit Palais ,
Tréſoriers generaux de France , & autres nos Juſticiers & Officiers qu'il
appartiendra , que les Preſentes ils ve-
rifient & faſſent publier & enregiſtrer en
chacune de leurs Cours & Juriſdictions ,
& par tout où beſoin ſera , & le contenu d'icelles garder & obſerver , faſſent
entretenir , garder & obſerver inviolablement , ſans ſouffrir y eſtre contrevenu
en aucune maniere. CAR tel eſt notre
plaiſir , & afin que ce ſoit choſe ferme
& ſtable à toûjours , nous avons fait
mettre notre ſcel à ceſdites Preſentes.
DONNE' à Paris le 25 Mars , l'an de grace 1594. Et de notre Regne le quatriéme. *Signé* , HENRY , & ſur le repli ,
POTTIER. Scellé du grand Sceau en
cire verte , en lacs de ſoye rouge : Et à
côté , *Viſa.*

LA SCIENCE

DU

GARDE-CHASSE.

Demande. QU'EST-CE qu'un Garde-Chasse ?

Réponse. C'est celui qui est établi pour la conservation de tout ce qui appartient à la Jurisdiction des Chasses.

1°. En procurant par sa diligence, l'execution de tout ce que les Ordonnances des Rois ont prescrit.

2°. Prévenant, détournant, & empêchant tous les abus que les mêmes Ordonnances ont défendu.

3°. Dressant ses Procès verbaux, & Rapports contre tous ceux qui seront tombés en contravention.

D. Par qui doit-il être reçû dans

les Capitaineries Royales ?

R. Par son Capitaine.

D. A quel âge ?

R. A vingt-cinq ans, à la rigueur ; regle dont on se dispense quelquefois en faveur d'un bon sujet.

D. Que fait-on avant de le recevoir ?

R. Une information de ses bonnes vie, mœurs & Religion Catholique, par témoins administrés par le Procureur du Roy.

D. Que doit-il savoir pour avoir la capacité requise ?

R. Lire, écrire, & en faire expérience.

D. Cela suffit-il ?

R. Non. Il doit encore savoir tout ce qui est de son devoir, & être interrogé sur les Articles de l'Ordonnance qui regardent ses fonctions.

D. Est-il obligé de donner caution ?

R. Oui. De trois cens livres.

D. Pour s'acquitter dignement de sa Charge, où faut-il qu'il demeure ?

R. Dans l'endroit commis à ses soins, ou n'en être pas plus éloigné de demi-lieuë.

D. Doit-il servir en personne ?

R. Oui, & avec assiduité, sans pouvoir s'absenter que pour cause de maladie ou autre excuse légitime, & avec la permission du Capitaine.

D. Ne peut-il point faire faire sa Charge ?

R. Non. Il lui est expressément défendu, soit par ses enfans, neveux, serviteurs ou autres personnes, à peine de faux ; mais il doit avertir le Capitaine, ou le Procureur du Roy, afin que l'on substituë en sa place le plus prochain Garde, un Huissier ou autre personne.

D. Peut-il exploiter pour autre

matiere que celle de Chasse ;

R. Non, à peine de faux.

D. Peut-il exploiter étant interdit ?

R. Non, ni même durant l'appel.

D. A quoi se réduit son applica-
tion ?

R. A deux points. Faire executer tout ce qui est prescrit par les
Ordonnances, & empêcher qu'on
ne fasse tout ce qui est défendu par
les mêmes Ordonnances. La contravention à tous ces Reglemens
étant précisément la matiere des
Procès verbaux & Rapports qu'il
doit faire indifferemment contre
toute sorte de personnes, sans aucune consideration de qualité, ni
d'amitié.

D. Que doit-il observer dans
son Rapport ?

R. Plusieurs choses.

La date de l'année. La date du
jour & du mois. Si c'est un Di-

manche, une Fête, ou durant le temps qu'on tient le Siége, parce que les délits faits en ces jours font plus griévement punis.

L'heure du matin, du soir, ou de la nuit, parce que les délits de la nuit méritent une amende plus forte.

Le nom, surnom, qualité & résidence du Délinquant.

Si c'est en faisant le devoir de sa Charge, ou allant d'un tel lieu en un autre, pour telle chose, ou passant par hazard par tel endroit.

Il faut désigner l'endroit où le délit s'est commis.

La qualité du délit, savoir, quelles sortes de Bêtes ou Oiseaux.

Si c'est avec Chiens, Fusils, Filets ou instrumens de Chasse dont l'usage est défendu par les Ordonnances.

Il doit proceder à la saisie des instrumens de Chasse, ou en saisissant lui-même les choses sujetres à la saisie pour les remettre au Greffe, ou en saisissant entre les mains des délinquans, en cas qu'il ne puisse s'en rendre maître, ou établissant de Sequestre en cas qu'on puisse commodément transporter ou faire transporter les choses saisies.

Il doit donner son assignation aux personnes trouvées en faute, pardevant le Capitaine, toujours au premier jour qu'il se doit rendre à l'Audience pour y affirmer ses Rapports, lequel jour doit être précisément désigné dans son assignation.

MODELE DE RAPPORT.

L'an 173 le   jour du mois d   avant midy, Je Garde-Chasse de la Plaine de demeurant au Village de soussigné, certifie que parcourant ladite Plaine pour faire le dû de ma Charge,

Charge, j'aurois apperçû le nommé ·   habitant de   lequel, avec un Fusil, deux Chiens
courans, chassoit dans la Jurisdiction dudit lieu de   aux environs de   dans des Bleds nouvellement coupés ; & d'autant qu'il
n'est de la qualité requise, je me se-
rois approché de lui, & lui aurois
fait commandement de me remettre
le Fusil qu'il portoit ; ce qu'ayant re-
fusé de faire, je l'aurois établi Sequestre dudit Fusil, & donné assignation au premier jour d'audience
           qui sera le   du
courant, pardevant M
Ba.lli & Capitaine de   en son
Siége, pour se voir condamner aux
peines de l'Ordonnance. Et en foi de
ce j'ai signé.

Sur ce modéle il peut dresser
toute sorte de Rapports & Exploits, mettant les choses dans la
vérité pure, sans aucun déguise-

ment , sans diminution , ni exage-
ration , & faisant mention dans son
Rapport generalement de tout ce
qu'il aura fait.

D. Est-il obligé de donner copie
de son Exploit.

R. Non, il suffit qu'il dise de
bouche ce qu'il a envie de faire
savoir, & que dans ses Rapports
il fasse mention des assignations
qu'il a donné, & des saisies qu'il a
fait entre ses mains.

D. N'y a-t-il point d'occasion
où il doive donner copie de son
Exploit ?

R. Il la doit donner lorsqu'il
établit d'autres Sequestres aux choses qu'il saisit ; & même faire mention dans l'original, qu'il en a donné copie, parce qu'il faut agir à cet
égard d'une maniere differente à
celle dont on use à l'égard des délinquans surpris en délit.

D. Ses Rapports sont-ils sujets
au Controlle ?

R. Non, les Rapports, & generalement tous les Exploits qu'il fait pour le Roy, ou pour le fait de sa Charge, ne doivent pas être controllés par les Controlleurs ordinaires des Exploits, parce que non seulement le Garde est obligé d'en tenir Registre, mais même le Greffier en doit tenir un, sur lequel les Gardes doivent signer leurs Rapports.

D. Devant qui doit-il répondre du fait de sa Charge ?

R. Devant ses Officiers seulement.

D. Pourquoi, précisément au premier jour d'Audience est-il obligé de faire son Rapport ?

R. Parce qu'autrement il est coupable ; son Rapport n'est plus recevable après ce temps ; il est responsable des délits, & doit être condamné pour sa négligence.

D. Lorsqu'il vient faire son Rapport, que faut-il qu'il observe ?

T ij

R. Premierement, de le donner fur une feüille volante au Greffier. 2°. Le faire enregiftrer fur le Regiftre du Greffier. 3°. En tirer décharge du Greffier fur fon Regiftre. 4°. Se rendre à l'Audience pour l'affirmer.

D. Eft-il crû à fon ferment ?

R. Oui, pour les Rapports qu'il fait, excepté lorfqu'il y a inimitié prouvée, ou fauffeté bien établie par une preuve incônteftable.

D. Quelle eft la peine des faux Rapports?

R. Les Galeres perpetuelles, confifcation de biens, & condamnation en tous dépens, dommages & interêts, fans qu'il foit loifible aux Officiers de moderer ces peines.

D. Les Procès verbaux du Garde Chaffe peuvent-ils être decretés?

R. Oui, même de prife de corps.

D. Peut-il executer pour amende ordonnée fur fon Rapport?

R. Non.

D. Peut-il aller à la recherche dans les Maisons, sans être assisté d'un Officier ?

R. Non.

D. Peut-il tenir Cabaret ?

R. Non, ni Cabaret, ni Hôtellerie, ni boire avec les délinquans, à peine de cent livres d'amende, & de privation de son Office en cas de récidive.

D. Peut-il porter des Armes ?

R. Il peut porter Pistolets, tant de nuit que de jour, pour la défense de sa personne, lorsqu'il fait sa Charge, couvert & revêtu des livrées de Sa Majesté.

D. Il ne peut donc point porter de Fusil ?

R. Non. Aucun Garde, tant à pied qu'à cheval, ne peut porter le Fusil, s'il n'est à la suite de son Capitaine ou Lieutenant, à peine de cinquante livres d'amende, & de destitution de sa Charge.

D. Quelles sont ses exemptions?

R. Il eſt exempt de Guet & de Garde, de Logement de gens de guerre, Uſtenſiles, Fournitures, Contributions & Subſiſtances ; de Tutelle, Curatelle, Collecte de Deniers du Roy, de Sequeſtrage, & de toutes Charges publiques.

D. N'a-t-il pas encore quelque Privilége.

R. Il a, dans les endroits Taillables, celui de ne point paſſer par les mains des Collecteurs, mais d'être taxé d'office par l'Intendant de la Province.

Enfin, il eſt mis ſous la Sauvegarde & protection du Roy.

D. Ne lui revient-il rien ſur les Amendes ?

R. Sur les Amendes & Confiſcations ordonnées ſur ſon rapport, il joüit du tiers, conformément aux anciennes Ordonnances.

D. Ne pourroit-il point prendre de l'argent pour ſupprimer ſes Rapports.

R. il lui est très - défendu de composer avec les délinquans, & de prendre de l'argent pour supprimer ses Rapports, à peine de répondre des délits en son propre & privé nom, d'amende, de privation de son Office, & de punition corporelle.

F I N.

TABLE

Des Matieres contenuës dans les Ordonnances.

A.

*A*cademistes,   Page 3
Aires d'Oiseaux,   8
Amendes,   10
Appel,   14
Armes,   16

B.

*B*astir,   25
Bergers,   27
Bestiaux,   ibid.
Bleds,   29
Braconiers,   32

C.

*C*apture,   36
Carrieres,   37

TABLE. 225

Chaſſe,   42
Chaumes, Voyez *Herbes*, 105, 198
Chiens couchans,   49
Chiens,   51
Clôtures,   53
Colporteurs,   57
Condamnation,   112

D.

Denonciateur,   69

E.

Ecclefiaſtiques,   73
Echalas,   74
Engins,   194
Entrée de Gibier,   79
Eſpines,   82

F.

Foins,   88
Foſſés,   90
Furons,   93

G.

Gardes,   94

Garennes, 96
Gentilshommes, 45
Grenaille de fer, 100

H.

HAuts-Justiciers Roturiers, 45
Herbes, 105

J.

JArdins, 53
Infirmes, 110
Instruction & Jugement, 111

L.

LApins, 114
Larrons, 116
Livrée, 118
Loups, Voyez Renards, 168

M.

MUtins, 128

O.

*O*Fficiers, 132

P.

*P*Arcs, 53
Peines, 139
Permissions, 149
Pigeons, 151
Pois, 154
Poteaux, 155.

R.

*R*Eceleurs, } 162
Receptateurs, }
Receptions, ibid.
Renards & Loups, 168
Roturiers, 45.

S.

*S*Eigneurs, ibid.
Soldats & Troupes, 177
Supplice, 179
Suppressions, ibid.

T.

*T*erres ensemencées, 182
Trous, 53

V.

*V*ente d'Engins, 194
Vignes, 196
Voiries, 197
Warenne du Louvre, 203

Fin de la Table.

❖❖❖❖❖❖❖❖❖❖❖❖❖❖❖❖❖❖

APPROBATION.

J'AY lû, par ordre de Monseigneur le Garde des Sceaux, un Manuscrit intitulé, *Dictionnaire des Termes, des Délits & Peines des Chasses*, ou *la Science de l'Officier des Chasses*, dans lequel je n'ai rien trouvé qui doive en empêcher l'impression. Fait à Paris ce 3. Fevrier 1735. *Signé*, SIMON.

PRIVILEGE DU ROY.

LOUIS, par la grace de Dieu, Roi de France & de Navarre : A nos amés & feaux Conseillers les Gens tenans nos Cours de Parlement, Maîtres des Requestes ordinaires de notre Hôtel, Grand Conseil, Prevôt de Paris, Baillifs, Senéchaux, leurs Lieutenans Civils & autres nos Justiciers qu'il appartiendra, SALUT. Notre bien amé PIERRE PRAULT, Libraire & Imprimeur de nos Fermes & Droits à Paris, Nous ayant très-humblement fait remontrer que depuis plus de vingt années s'étant appliqué à faire des Collections de Reglemens sur différentes Matieres importantes, il souhaiteroit continuer à réimprimer ou faire réimprimer *Le Recüeil des Edits, Declarations, Ordonnances, Lettres Patentes, Arrests, Tarifs, Baux, Reglemens & Décisions*, tant du Conseil que des Cours & Jurisdictions, *Déliberations, Instructions, Traités, Commentaires, Conferences* concernant les *Gabelles, Aydes, Traites Foraines, Domaines, Tabac & Droits y joints, Rétablis ou Réservés*; ensemble ceux concernant la *Justice &*

Police, les Finances & les Tailles, la Jurisdiction & les Rentes de l'Hôtel de Ville, les Maires & Echevins, la Marine, le Commerce & la Compagnie des Indes, les Mines & Minieres, Poudres & Salpêtres, les Postes, Messageries, la Voyerie, & tous les Officiers, Commis & Employés qui en dépendent, avec la Table Chronologique, le Dictionnaire ou Memorial alphabetique par chaque matiere; mais comme il y a plusieurs Particuliers qui n'ont d'industrie que celle de se prévaloir du travail d'autrui par des voyes indirectes, il craint qu'après toutes les peines qu'il a prises & les dépenses qu'il a faites, lesdits Particuliers ou autres n'entreprenent de faire copier ou extraire en tout ou en partie ledit Recüeil, & ne fassent imprimer & vendre lesdits extraits ou copies d'icelui, ce qui lui causeroit & feroit un tort très considerable, & rendroit ses soins infructueux, s'il ne lui étoit pourvû de nos Lettres de continuation de Privilege sur ce necessaires; offrant pour cet effet de les réimprimer ou faire réimprimer en bon papier & en beaux caracteres, suivant la feüille imprimée & attachée pour modele sous le Contre-scel des Présentes. A ces causes, voulant traiter favorablement ledit Exposant, reconnoître son zéle, & lui donner les moyens de continuer un travail si utile au Public, Nous lui avons permis & permettons par ces Présentes, d'imprimer ou faire imprimer ledit Recüeil ci-dessus specifié en un ou plusieurs volumes, conjointement ou séparément, en telle forme, maniere, grandeur & feüilles séparées, & autant de fois que bon lui semblera; & de le vendre, faire vendre & débiter par tout notre Royaume, pendant le tems de dix années consécutives, à compter du jour de la datte desdites Presentes: Faisons défenses à toutes sortes de Personnes de

quelque qualité & condition qu'elles foient, d'en
introduire d'impreffion étrangére dans aucun lieu
de notre obéïffance ; comme auffi à tous Imprimeurs, Libraires, & autres, d'imprimer, faire
imprimer, vendre, faire vendre, débiter, ni
contrefaire ledit Recüeil ci-deffus expofés,
en tout ni en partie, ni d'en faire aucuns Extraits, fous quelque prétexte que ce foit,
d'augmentation, correction, changement de
titre, même en feuilles feparées, ou autrement, fans la permiffion expreffe & par
écrit dudit Expofant, ou de ceux qui auront droit de lui, à peine de confifcation des
Exemplaires contrefaits, de dix mille livres
d'amende contre chacun des contrevenans,
dont un tiers à Nous, un tiers à l'Hôtel-Dieu
de Paris, l'autre tiers audit Expofant, &
de tous dépens, dommages & interêts ; à
la charge que ces Préfentes feront enregiftrées
tout au long fur le Regiftre de la Communauté
des Imprimeurs & Libraires de Paris, dans
trois mois de la datte d'icelles ; que l'impreffion
dudit Recüeil fera faite dans notre Royaume
& non ailleurs ; & que l'Impétrant fe confor-
mera en tout aux Reglemens de la Librairie,
& notamment à celui du 10 Avril 1725. Et
qu'avant que de l'expofer en vente, le Ma-
nufcrit ou Imprimé qui aura fervi de copie à
l'impreffion dudit Recüeil, fera remis dans le
même état où l'Approbation y aura été
donnée, ès mains de notre très-cher & féal
Chevalier Garde des Sceaux de France, le
Sieur Chauvelin, & qu'il en fera enfuite remis deux Exemplaires dans notre Bibliotheque
publique, un dans celle de notre Château du
Louvre, & un dans celle de notredit très-cher
& féal Chevalier, Garde des Sceaux de France,
le Sieur Chauvelin ; le tout à peine de nullité

des Préfentes. Du contenu defquelles vous
mandons & enjoignons de faire joüir l'Expofant ou fes ayans caufe, pleinement & paifible-
ment, fans fouffrir qu'il leur foit fait aucun
trouble ou empêchement. Voulons que la Copie defdites Préfentes, qui fera imprimée tout
au long au commencement ou à la fin dudit
Recüeil, foit tenuë pour duëment fignifiée,
& qu'aux Copies collationnées par l'un de nos
amez & feaux Confeillers & Secretaires, foi
foit ajoûtée comme à l'original; Commandons
au premier notre Huiffier ou Sergent de faire
pour l'exécution d'icelles, tous Actes requis &
néceffaires, fans demander autre permiffion,
& nonobftant clameur de Haro, Charte Nor-
mande & Lettres à ce contraires: CAR tel eft
notre plaifir. DONNE' à Verfailles, le vingt-
feptiéme jour d'Aouft, l'an de grace mil fept
cent trente-trois, & de notre Régne le dix-
huitiéme. Par le Roi en fon Confeil.

Signé, SAINSON.

*Regiftré fur le Regiftre d la Chambre Royale
des Libraires & Imprimeurs de Paris, N°. 590.
Folio 592. relativement à l'Acte du 12. Septembre préfens mois, regiftré fur le même Regiftre enfuite dudit Privilége; le tout conformément aux
anciens Réglemens, confirmés par celui du 28.
Fevrier 1723. A Paris le 15. Septembre 1733.*

Signé, G. MARTIN, Syndic.

www.ingramcontent.com/pod-product-compliance
Lightning Source LLC
LaVergne TN
LVHW011001180726
843502LV00004B/1273